햇살이 머무는
사랑의 뜨락에서

이 동 식 시·산문집

시와사람

햇살이 머무는
사랑의 뜨락에서

■ 프롤로그

유리병 편지를 띄우며

어느 때부터였을까? 보랏빛 작은 이야기를 마음 한 켠에 쌓았습니다. 호롱불 꺼내어 골방의 선반에 걸고 안개 뒤로 숨어버린 지난 추억을 모았습니다. 떨리는 가슴의 고백들이 부끄러워 저 멀리 떠나보낼 유리병에 담았습니다. 달려 나가는 바닷물 따라 내 마음도 나서고 싶었습니다. 밀려오던 파도의 하얀 포말 위에 황금빛 석양은 백발이 된 소년의 얼굴을 붉게 물들입니다. 어두워져가는 바닷길, 지나가던 돛단배는 손 흔들며 익숙한 노래를 부르고, 가슴의 비번(祕番)을 풀어 담은 나의 분신은 항해의 길에 오릅니다. 언젠가 먼 길을 흘러 어느 바닷가 수정처럼 빛나는 모래톱에 이르러, 굴 껍질 다닥다닥 붙여지고, 소금에 절여지고, 하얀 파도에 다듬어져 거기에 머물 것입니다. 문주란 하얀 향기가 불어오는 해변을 거닐 던 나그네가 퇴색된 마개를 열고 기대 속에 살짝이라도 미소 지을만한 편지가 되길 기도합니다.

아장아장 더듬거리며 어색하게 떼었던 어설픈 걸음마가 어느새 나그네 길의 막바지를 향해 달려가고 있습니다. 걷다 뛰다가 넘어지고 일어섰던 그 순간마다 안아주시던 아름다운 하나님의 '사랑의 뜨락'에서 그동안 기독교호남신문에 연재하던 창조주를 향한 사랑의 고백을 모아 포토에세이집을 발행합니다.

  보물 같은 동역자인 무안읍교회 교인들과 사랑하는 가족들, 특별히 귀한 작품을 기증해 책을 돋보이게 해주신 사진작가이신 〈포토월드〉 김미애 대표님께 진심으로 감사드립니다. 또한 응원하고 격려해주신 동역자님들과 최대현 선생님,《시와사람》강경호 대표님께 고개 숙여 감사를 드립니다.

남산기슭 행복한 글방에서 이 동 식

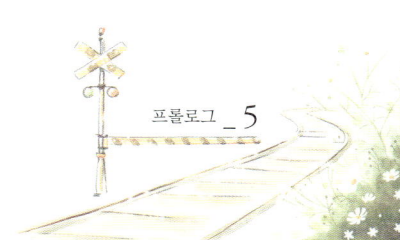

■발문

마음을 정화시키는 샘물

강 경 호
(문학평론가)

　이동식 목사의 『햇살이 머무는 사랑의 뜨락』은 시와 에세이, 그리고 사진을 적절히 융합한 작품집이다. 4부로 구성된 이 책은 봄·여름·가을·겨울 등 계절의 정서를 담아 인간의 삶을 살피며 통찰하고 있다. 춘하추동의 원리를 기본으로 하여 시와 에세이를 배치한 형식이 독특한 이 작품집은 각 계절이 지닌 상징적의미를 통해 작가의 내면에 깃든 정서와 메시지를 독자들에게 전달하고 있다.
　주지하다시피 우리나라는 춘하추동이 뚜렷한 나라이다. 그러므로 계절별로 삶의 모습도 조금씩 다를 수밖에 없다. 작가는 그저 계절이 갖고 있는 서정만을 표출한 것이 아니라 태어나고, 성장하고, 결실을 맺고, 죽음에 이르는 삶의 과정을 봄·여름·가을·겨울로 인식함으로써 그의 문학세계를 보다 높은 지경으로 승화시키고 있는 점이 놀랍다. 더불어 이동식 목사의 문학적 성과는 밀도있는 언어를 구사

함으로써 품격있는 작품성을 획득하고 있음을 주목해야 한다. 이는 문학이 언어예술임을 깊이 인식하고 있기 때문에 가능한 일이다.

특정종교적인 색깔을 함부로 드러내지 않으면서도 문학적 깊이와 넓이를 구축하면서 구원에 이르고자 하는 인간의 욕망을 잘 형상화시킨 것은 그가 신앙의 효용성과 문학의 효용성을 궁극적으로 일치시킬 수 있음을 간파하고 있기 때문이다.

그의 시편들이 보여주는 서정성은 독자들의 마음을 정화시킨다. 그리고 그의 에세이 또한 모순과 부정이 난무하는 현실을 인식하면서 독자들에게 어떻게 살 것인가라는 질문에 대한 대답을 구하고 있다. 이러한 그의 시와 에세이가 추구하는 가치는 신앙이 도달하고자 하는 지점과 만나고 있다. 그러므로 목회자인 저자는 설교적으로 설명하고자하는 메시지를 문학적 형식을 통해 신앙의 말씀을 전한다고도 이해할 수 있다.

이러한 그의 문학적 형식의 특징은 대부분 자연을 매개로 하고 있는데, 이것은 자연에서 절대자의 형상을 발견할 수 있는 눈을 가졌기 때문이다.

결과적으로 이동식 목사의 이번 작품집은 현대인에게 정신적 휴식과 마음을 평안하게 한다. 그리고 앞에서 밝힌 것처럼 삶에 지친 사람들의 번잡한 마음을 정화시킨다.

이번 책의 성공을 바탕으로 끊임없이 좋은 글 쓰기를 기대하고 한국수필의 발전에 이바지하길 바란다.

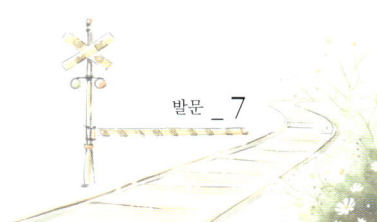

차례

■ 프롤로그 ──── 4
■ 발문 ──── 6

愛 _ 햇살 머무는 사랑 뜨락에서

시   귀로 ──── 18
　　붓 끝에 마음을 찍어 ──── 20
　　희망의 나라로 ──── 22
　　집으로 ──── 24
　　귀향(歸鄕) ──── 26
　　주님 오시던 날 밤에 ──── 28
　　다시 십자가 밑에 엎드려 ──── 30
　　순례자의 아침 ──── 32
　　느러지의 밤 ──── 34
　　어머니 ──── 36
　　황금보석 ──── 38
　　묵언(默言) ──── 40

I 春 _ 봄날의 수채화

시   봄에 꼭 만나요 ── 43
        강변의 봄 ── 44
        마중 ── 46
        분홍빛 고백 ── 48
        빈 의자 ── 49
        비가 내립니다 ── 50
        실비 ── 51
        유달산의 봄 ── 52
        이리와 보세요 ── 54
        꽃바람 ── 56
        제비꽃 ── 57

수필   봄 열차를 기다리면서 ── 60
        아름다운 생명의 노래를 ── 63
        마음에 피어나는 새봄 ── 68
        천청학능고(天淸鶴能高) ── 71
        색동옷 입고 일어나는 아침 ── 74
        새벽을 기다리며 동녘을 바라봅니다 ── 78
        흩날리는 꽃잎도 자기 사명이 있거늘 ── 81
        더 멋진 작품을 위해 ── 85
        봄에 어울리는 표정 ── 88
        서두르다 놓쳐 버린 시간을 찾아서 ── 92
        나의 아름다운 봄을 기다립니다 ── 96

2 夏 _ 여름날의 시냇가

시   날이 길어진 오후 ── 100
        숲 길에서 ── 102
        숲속나라의 정원 ── 104
        열대야 ── 105
        빗길 산행 ── 106
        아카시아 ── 108
        달개비 핀 언덕 ── 110
        가시나무 꽃 ── 112
        더워지는 아침 ── 113
        비를 맞으며 웃었습니다 ── 114

수필   한 여름 밤의 상념(想念) ── 116
        마음의 창문을 활짝 열고서 ── 119
        내일을 준비하여 배를 만드는 사람 ── 122
        삶의 붓으로 인생을 그린다 ── 126
        나그네 인생길에서 ── 129
        행복의 통로를 관리 합시다 ── 132
        영혼의 비타민 행복의 쉼터에서 ── 136
        통제영 객사에 앉아 흐르는 인생을 읽다 ── 139
        생각하게 하는 인생 ── 143
        아름다웠던 그 자유로움의 자리로 ── 147
        무지개 언덕을 향해 ── 150

3 秋 _ 가을에 부르는 노래

시
가을 나비 —— 154
가을비 —— 155
할머니의 가을 —— 156
꽃무릇 —— 159
한낮의 보름달 —— 160
호반의 아침 —— 161
단풍 —— 162
깨 밭에 부는 바람 —— 164
길에게 가을이 안기다 —— 166
가실 하던 날 —— 169
가을 아침 —— 170
빈자리 —— 172

수필
깊은 맛! 가을을 준비합시다 —— 174
시상대(施賞臺)의 감격을 생각하며 —— 177
늦게 피어난 꽃에게 박수를 보내며 —— 181
길 위에서 만난 소풍 같은 인생 —— 185
함께 있어 아름다운 세상 —— 190
가을 나그네 —— 193
어디를 향하여 사는 것일까? —— 196
향기 나는 인생 —— 200
밤나무 가지 끝에서 나눔을 보다 —— 203

붉어진 단풍 위로 가을비가 내립니다 —— 207
친구 같은 단풍을 만나다 —— 210

4 冬 _ 겨울을 녹이는 사랑의 편지를

시   그 찻집에 앉아 —— 214
물 안 개 —— 215
빈 의자 —— 216
임 모실 준비 —— 218
시샘 —— 221
그리움 —— 222
눈이 오려나봅니다 —— 223
눈 온 날 아침 —— 224
얼음 꽃 —— 226
아침을 여는 기도 —— 228
서설(序雪) —— 230

수필   은은한 Curtain call을 기대하면서 —— 232
지나간 날에게 미래를 배워라 —— 235
연말소감(年末所感) —— 239
더 강렬해진 마지막 촛불처럼 —— 242
"the 열심히 해서 多 행복합시다" —— 246
다시 꿈을 꾸면서 —— 250

알아야 이긴다 ——— 253
고향집 마루에 앉아 ——— 257
김장은 행복을 저장하는 날 ——— 260
또 나이테 한 줄을 그리며 ——— 264
아시타비(我是他非)가 아닌 배려의 시대로 ——— 267

귀로

저물어 가는 하늘가
석양의 붉은 구름들이
온 산야로 내려와
가을로 가득 물들여 놓았습니다

지친 나그네의 귀가 길
노을빛에 붉어진 얼굴을 어루며
조심 조심 소슬한 바람
따라오고 있습니다

저 멀리 굴뚝엔
저녁연기 피어오르고
구수한 청국장 냄새
마중을 나왔습니다

익숙한 오솔길
하루가 집으로 돌아갑니다.

ⓒ 이동식

붓 끝에 마음을 찍어

퇴적된 기나긴 사연
화석된 가슴의 주먹 먹덩이 꺼내어
한 장(掌) 벼루에 심장을 갈아
고아낸 홍삼같은 진액을 모은다

가지런한 두 무릎
고이 하늘을 향하고
정갈한 이슬 듬뿍 갈필(渴筆)지어서
두 손으로 받들고 마음을 모은다

봉인된 마음 벗겨
화선지를 가르고
붓끝에 일어선 심장이 먹물 되어 춤출 때
붓 길 따라 세월은 꽃이 되어 피었다.

ⓒ 김미애

희망의 나라로

안개가 피어 자욱한
하얀 아름다움 속으로

포근한 솜같은
구름의 품을 향하여
나그네의 하루가 달려 갑니다

오늘은 좋을거야
두근 거리는 심장을 붙들고

안개 속 희망의 나라
저 너머로 아스라히 하루가 열립니다

잠자던 안개가
춤추며 환영 합니다

잠시 후 열릴
커튼 뒤 화려한 무대 위로
주인공이 되어 뛰어 갑니다.

집으로

길어진 산 그림자
저 만치 흐려져 가고
목 쉰 까마귀
지친 깃 모아 둥지를 찾는다

산 길 돌아 서는
익숙한 그림자는
그리운 내 임의 모습
종일 발맞춰 동행했었다

식은 잔영에서
체온이 느껴지고
금방이라도 일어나
손잡아 줄 듯 마냥 정겹다

그리웠노라
불러 보려 했지만
복 받쳐 오르는 눈물에
목 깊숙이 녹여 조용히 삭인다.

ⓒ 이동식

귀향(歸鄕)

파아란 하늘가에
조각배 한 척 띄웠습니다.

작은 배 노 저어 달려 가노라면
언젠가는
당신이 계신 곳으로 닿을텐데요.

하얀 구름에
몸 포개고 마음을 실어
당신 계신 곳에 흘러갑니다.

어느 날 먼 발치 하얀 조각 한 구름
살포시 실려 오거든
당신 찾아든 나 인줄 알아 고이 맞아주소서.

지금도 마음의 노를 접고
정처 없이 흘러갑니다.

유유히 당신이 계신
그 곳으로.

ⓒ 최대현, 익산 함라고택

주님 오시던 날 밤에

산 너머로 숨어 버린
태양을 따라
어둠이 내리는 초원의 기슭엔
사랑의 향기를 품은
양치기의 맑은 피리소리가
은은하게 울려 옵니다.

하룻동안 종종 걸음
지친 어미 양 품에 안긴
아기 양들은
피리소리를 자장가 삼아
꿈자리를 펴고 누웠습니다.

계곡을 울리는 들짐승 울음에
어둠은 점점 진흙빛으로 물들고
아기 양의 편안한 얼굴엔
붉은 미소가 그려집니다.

하늘의 문이 열리고
찬란한 별빛이 보석처럼 쏟아지며

무대를 밝혀준 조명등이 켜진 듯
영광이 가득히 눈처럼
목장 위로 내려 옵니다 .

천상의 악보
하늘의 비파를 들고 온
천사들의 찬양은
천상의 화음을 꺼내어 대지를 울리며
영혼의 노래를 부릅니다

하늘에는 지극하신
영광을 올려 드리고
그 기뻐하신 자들
마음을 어루만지며
평화로 포근히 감싸 줍니다

주님 오시던 날 밤
베들레헴 들녘의
은혜 받은 양치기는
단숨에 달려
구유의 아기 예수님께
감동스런 첫 경배자
메리 크리스마스가 되었습니다.

다시 십자가 밑에 엎드려

안개 피어오르는
강변의 아침은
야곱의 심장을 설레게하고

밤새 불어 온 동풍에
막혔던 홍해의 문이 열릴 때
햇살을 따라 모세는
약속을 향하여 나아갑니다.

다시, 십자가 밑에 엎드려
촛불 밝히는
갈보리 제단의 새 아침

거기에
에서의 담이 무너져 내리고
숨겨놓은 바닷 속 길이 보이고
휘장이 열리는 열쇠가 되었습니다.

심장을 적셔 준 뜨거운 보혈에
떨리는 가슴 부여잡고
힘주어 다시 일어섭니다.

ⓒ 이동식

순례자의 아침

대지를 적시며
말 없이 흐르던 푸른 물줄기가
나지막한 노래를 부릅니다

하얀 자욱을 남기며
창공을 나르는 뭉게구름이
살며시 어깨춤을 춥니다

솔잎 사이를 감싸며
햇살 모아 불어온 아침 바람이
부드럽게 어루만집니다.

오늘도 하룻길
흘러가는 세월의 도상에
작은 종이배 한 척 띄웁니다.

ⓒ 김미애

느러지의 밤

지친 허리를 보듬고
수 많은 사연을 담은 하루가
세월의 오솔길을 돌아 강물 되어 흐른다

천 리 길 애환 모으고
몽탄 벌 땀방울을 채워
넓은 품 유달에 사랑을 띄운다

앞치마 두른 강변의 아낙은
호롱불 켜 문앞에 걸고
덜 마른 머리 묶고서
길 떠난 임을 기다린다.

ⓒ 최대현, 부안 해수욕장

어머니

이젠 내 자신
가까이 갈 수가 없어
늘 안타까움이지만

강 건너편
떠오르는 보름달은
언제나 나를 향한다

어머님의 미소는
내 마음 속
초록빛 행복의 샘이요

보고픈 모습은
향기로운 생각 속
꽃이 되어 웃는다

가슴에 사시는 어머님의 체온은
내 삶의 동력을 주는

위대한 이유가 되는데

초라한 자식
포기 할 수 없는 가슴은
회한으로 떨린다.

ⓒ 김미애

황금보석

일찍 잠 깨어난
장독 곁
산수유 노랑 꽃봉우리에
황금 빛 보석이 주렁주렁 열렸습니다.

밤새
소리 없이 내린
맑은 봄비가
아침 햇살에 보석이 되었습니다.

그늘 되어 햇살 가릴까
흔들려 보석 떨어질까
이 소식
귓속말로 임에게 전해 드립니다.

내 마음에
황금 보석이
예쁘게 열려 있다고

그리움 품어 안고서
끓는 마음 식히며 잠자리에 듭니다.

ⓒ 이동식

묵언(默言)

며칠 째
목소리가 나오지 않는다
감기가 온 것도 아닌데

하고 싶은 말
몇달 째 참고
답답해 하던 심정인지

제발 그냥
입을 봉하고
살아보라는 뜻인가보다.

ⓒ 이동식

春
봄날의 수채화

1

ⓒ 김미애

봄에 꼭 만나요

낙엽도 지고
겨울비가 내린 날
언 땅을 비집고
노오란 꽃 한 송이
살포시 피었습니다.

길 가는 객을 세워
"저 여기 있어요"
"봄에 꼭 만나요"
잊지 말아달라는 그 간절한 애원
노오란 꽃으로 피었습니다.

강변의 봄

찬바람 지나간
강물 위
아기 햇살은
보석처럼 빛난다.

요원한 봄 손님
강변의 마른 덤불 접어
하얀 아지랭이
물결 위에 그린다.

살얼음 녹는
저무는 하루
겨울 강물 위에
하늘의 봄이 내려 비친다.

마중

뜬 눈으로 기다려
홰를 쳐
새벽을 알리며

여명의 새벽을 반기는
수탉의 목소리에
설렘이 넘치고

청사초롱
홍사초롱
투명한 여린 진달래는

가지 끝에 고깔을 올려
봄바람 맞이하며
오실 길을 알린다

마중 나가 산길 오르다
새싹 밟힐까

발길 세워 멈추고

햇살이 깨워 준 가지에
임의 숨소리 찾아
귀를 기울인다

혹시나
오시는 봄 손님
마음 상해 돌아서지 않으시도록

분홍빛 고백

잊고 살았던 건 아닌 지
산허리 감싸고
늘 거기에 있었건만
보이지 않는다고
잊어버리고 살지는 않았을까

찬바람에
가녀린 가지 흔들리던 날
솜 눈 내려
휘어진 허리 끝
눈물 되어 서러움 흘러내리던 언덕

그리움 말로 못해
눈물 고인 자리
분홍빛 고백으로 피었습니다
아린 마음 꺼내어
여기 보여 드리노라고.

빈 의자

유채 밭 넘어 온 바람이
진달래 엷은 꽃잎을 흔들어 깨우며
골짜기를 채우고
오막살이 외딴 집으로 흘러갑니다

숨차게 산골 올라 온
집배원의 반가운 손에는
딸 편지 대신
고지서만 가득 들려 있습니다

오늘도 산언덕에
비켜 내리는 4월의 햇살은
시들어 떠난 매화 꽃 위로
그림자 만들며 머물러 비추입니다

설레임으로 사모 하는 임
꽃길 만들어 맞아 드리려는데
언제 오시려나 애타는 빈 의자 위
할머니 까만 눈엔 기다림만 피어오릅니다.

비가 내립니다

살며시
봄비가 내립니다
보일 듯 말 듯

풀잎을 적신
빗방울이
내 마음도
흠뻑 적셔 버렸습니다

오늘
내 마음 일기는 비

지금
낮은 색소폰 음색처럼
내 맘 속에도
봄비가 내립니다.

실비

갓 깨어난
하얀 가지 끝에
적셔 내리는 투명빛 실비 한 타래
꽃잎 위에 머물러 노래를 부릅니다

스쳐 다가온
소녀의 콧바람은
살며시 희망을 흔들어
가슴으로 달래어 포근히 안았습니다

열지 못한 문
무념의 빗장을 풀고
여린 봄 손님 불러 나오라고
살며시 가지 흔들며 마중 나왔습니다.

유달산의 봄

유달 뫼의 바위 곡선을 타고
갓바위 푸른앞바다
심연까지 봄이 흘러옵니다

살그머니, 부드럽게
연한 생명의 붓은
온 대지를 환하게 채색해 놓았습니다

신록의 연초록 갯버들가지 끝에도
바윗 틈 갈라진 진달래의
연분홍 여린 꽃잎 위에도 붓이 지나 갑니다

노오란 무리 진 황금빛 개나리 동산에도
수줍은 벚꽃의 웃음 띤 미소 위에도
축하의 세레나데 햇살 따라 그려집니다

어느 새 봄물 들어 흠뻑 젖어버린
덜 마른 마음 추슬러
노란 미소를 그려봅니다.

ⓒ 이동식

이리와 보세요

살짜기
걸어오세요.
갓 깨어난 여린 봉우리
놀라지 않도록

목소리 줄여
조용히 해 주시고요
귀 기울여 들어 보세요
여린 분홍빛 진달래 피어오르는 소리를

ⓒ 이동식

꽃바람

대숲을 지나온 바람이
부드러운 미소로
말을 건넨다

봄 햇볕 그리워 이곳에 왔노라고

오신 임 청 받들어
좋은 자리 비워 드리고
두꺼운 외투 털어 개우며
새 볕에 온 몸 내밀어 봄을 말린다

정겨운 바람은
개나리를 깨우며
봄노랠 부른다.

제비꽃

낙엽 이불에 가려지고
눈 속에 푸욱 묻힌 잊혀진 저 땅 속에는
파아란 봄이 숨어 있었네

온 몸 구부려
부끄러워 깊은 흙 속에 숨어 감추고
미동없던 수도사처럼
멈춰버린 시계 위로 얼굴 내미네

사연 한 줌
떨면서 펼쳐 꺼내고
품었던 깊은 빛깔
하늘 도화지 배경삼아
한 방울 물감 되어 봉긋 서 있네.

봄 열차를 기다리면서

　양지바른 동산에 파릇한 새싹들이 피어 올라옵니다. 무딘 입맛을 깨우는 봄동의 달착스러운 유혹은 겨우내 멀어진 밥상 앞으로 끌어당깁니다.
　자연은 희망을 가르치는 위대한 스승입니다. 얼음장 밑으로 흐르는 시냇물 속에는 동면에서 일어난 물고기 떼들이 여름을 향해 헤엄을 치고 있습니다. 눈이 덜 녹은 산 어귀의 봉긋하게 여기저기 올라온 연한 새싹들은 숭고한 생명의 세레나데 같기도 합니다. 눈보라를 스치면서 달려온 봄바람은 부드러운 미소를 잃지 않고 대지를 깨워줍니다. 봄은 녹음으로 푸르른 여름을 향하여 힘차게 출발선을 떠났습니다. 들판으로 달려 나온 농부의 입가엔 하얀 입김이 피어 올라옵니다. 언 땅에 호미를 내미는 농부의 가슴은 희망으로 가득합니다. 일궈진 대지의 오늘은 미래의 약속된 희망입니다.

오늘이란 시제 속에는 미래의 모습이 투영되어 있습니다. 아직 벗지 못한 외투 속에는 봄을 향한 심장이 뛰기 시작합니다. 얼음에 구멍을 내고 서 있던 갯버들에 솜털이 피어나는 것처럼 이미 우리가 볼 수 없는 곳에 봄은 저만치 와 있음을 느끼게 됩니다. 다만 우리는 익숙해진 겨울의 잔재와 전리품을 붙잡고 일어나지 못하는 것은 아닐까요?

봄은 사랑의 계절입니다. 새들은 둥지를 만들고 부드러운 둥지 안에 알들을 낳습니다. 이는 풍요로운 여름날 새끼를 칠 계획을 바라보기 때문입니다. 사람은 가장 지혜로운 만물의 영장입니다. 그러나 때론 본능으로 살아가는 미물보다 감각이 둔할 때가 많습니다.

견지망월(見指忘月)이란 교훈이 있습니다. 저 멀리 아름다운 희망의 목적을 놓치고 손가락만 보면서 이런 저런 논란에 휩싸이는 세태를 향한 일침입니다.

봄이 왔건만 사람들은 아직 남아있는 잔설과 얼음장만 바라보며 낙심하고 지쳐버리게 됩니다. 셸리는 "겨울이 오면 봄이 멀지 않으리."라 말했고 돈키호테를 쓴 세르반테스도 "재산보다는 희망을 욕심내자. 어떠한 일이 있어도 희망을 포기하지 말자"고 역설 했습니다.

하나님은 우리에게 "위엣 것을 바라보라"고 말씀하시면서 멀리

보고 고개를 들어 위를 바라보길 원하십니다.

한낮 연약한 발밑에 피어난 작은 새싹이 스승이 되어버린 오늘 아침은 희망을 가슴에 품게 합니다. 견지망월이란 말처럼 손가락만 보다가 진정 그 손가락이 가리키는 달을 잊어버리고 살아가는 세대, 그래서 사명도 잃어버리고 꿈도 사라져 버렸지만 고개를 들어보니 아직 우리를 향한 환한 둥근달이 우리를 향하고 있습니다.

중국 사람들은 기차를 기다리는 승강장의 이름을 월대(月臺)라 합니다. 월대는 어두운 밤을 밝히는 달을 맞이하는 사람들의 자리입니다. 새 봄의 희망을 실은 기차가 우리에게 달려오고 있습니다. 행복의 목적지를 위한 차표를 손에 쥔 부푼 나그네를 향하여 열차가 달려옵니다. 우리를 희망의 나라로 태워다 줄 기차가 도착했습니다.

얼어버려 삶에 지치고 상처 입은 아픔의 시대에 약속의 미래를 바라보며 행복한 봄날의 주인공이 됩시다. 아직 냉기가 남아 있는 봄바람이 얼굴을 어루만집니다. 웃으면서 피어날 아름다운 분홍빛 꽃동산을 생각 하면서 상기된 미소를 지어 봅니다.

아름다운 생명의 노래를

   3월의 이름이 영어로는 March입니다. 꽁꽁 얼어버려 답답하고 지친 계절에 희망을 주는 유일한 메시지는 봄이 오고 있음 입니다. 멋진 제복을 입은 마칭밴드의 힘차고 경쾌한 리듬이 점점 가까이 다가오듯, 봄이 다가오는 길가로 설렘을 안고 달려 나가섭니다. "March"라는 이름의 뜻은 행진이라는 동사입니다. 출정을 앞둔 군인처럼 힘차게, 잠에서 깨어 일어나 분주하게 챙기어 하루를 출발 하듯이, 봄은 온 땅의 만물들이 기대를 품고 힘찬 생명의 잔치를 벌이며 겨울잠에서 일어나는 계절입니다. 그래서 여름을 품은 마음은 푸르름이며, 가을은 넉넉함과 쓸쓸함이고, 겨울은 편안한 쉼을 품은 마음이라면, 봄날은 아름답고 셀렘입니다.

   인디언들은 3월을 "뭔가 그대로 있는 것이 없는 달"이라 표현

합니다. 아스라이 보이지 않는 하늘 저 높은 곳에서는 종달새 노래 소리가 들려옵니다. 꽁꽁 얼어붙은 얼음장 밑으로는 봄바람이 대지를 깨우고 봄의 잔치가 벌어졌습니다. 농부는 벌써 그 땅에 생명을 심을 준비로 분주합니다. 그러므로 소중한 봄에 약동하는 생명을 바라보는 엄숙함과 존귀함이 필요합니다. 이 땅의 모든 자연의 섭리는 철저하게 창조주 하나님에 의해 설계되고 창조되어 가장 온전한 조화와 균형을 이루며 정해진 질서를 따라 존재 합니다. 그러므로 예쁜 꽃을 보고 아름다운 자연을 보면 마음이 선해지고 맑아지고 밝아집니다. 푸르게 돋는 새싹들이 아름답게 보이는 것은 생명이 있기 때문입니다.

지구상에 존재하는 생물 중 식물은 80%에 이릅니다. 그 식물은 모두 다른 모양과 다른 크기, 여러 가지 각각 독특한 향과 색깔을 가지고 있습니다. 또한 갖가지 모양과 크기의 꽃과 줄기와 열매로 존재의 아름다움을 유지합니다. 어떤 식물은 줄기와 덩굴로 각각 다르지만 자신만의 역할을 가지고 있습니다. 또한 식물의 수분과 수정의 생식수단도 신비하고 놀라운 하나님의 아름다운 창조의 섭리가 들어 있습니다. 심지어 불필요할 것 같은 잡초도 흙의 유실을 막아 보호합니다. 나무의 열매와 낙엽은 다른 생물을 살아 존재케 합니다. 열매야 당연히 사람과 동물 새들의 먹이를 제공하고 낙엽 역시 단순히 떨어져 죽음이 아니라 토양의 비옥함을 위한 시스템이며 토양 속의 수많은 미생물을 살려내고 무기물로 분해해서 지력을 높여 이 땅을 비옥하게 하는 것입니다.

새봄, 우리는 연약하고 부족한 모습이지만 봄은 새 생명을 품었기에 더욱 아름답습니다. 양지 바른 곳에 암탉을 따라 종종 걸음을 걷는 병아리의 탄생, 하나님은 태초에 천지를 창조하시면서 날마다 "보시기에 좋았다"고 말씀하십니다. 이는 "하나님이 보시기에 완전하였고 참 아름다웠다"는 것입니다. 새봄은 아름다운 활동이 시작 됩니다. 손자가 유치원간다고 가방 메고 나가는 모습처럼, 자녀가 직장으로 출근하는 모습이 대견하게 보입니다.

새 봄은 어설프지만 아름답습니다. 시작이기 때문입니다. 꾀꼬리같이 아름다운 성악가의 노래보다 사랑이 깃든 목소리는 달콤하고 향기롭습니다. 아기가 부르는 엄마·아빠란 단어가 가정 최고의 감동이 됩니다. 그러나 자연과 인간의 아름다움과 관계들이 파괴되었습니다. 봄을 맞아 우리는 창조의 그 아름다움으로 돌아와야 합니다. 아름다운 가정, 행복한 인간관계를 만들어서 사랑하고 배려하고 챙겨주는 낙원의 기쁨이 회복되어야 합니다.

마음에 피어나는 새봄

　어린 시절 초등학교 3학년 2학기 국어책 마지막에 이런 시가 하나 실려 있었습니다. 누가 지은 시 인지 알 수 없으나 선생님은 이 시를 암송하도록 숙제를 내어 주었습니다. "봄꽃 나비 / 입김으로 호호호 유리창을 흐려놓고 썼다가는 지우고 또 써보는 글자들 봄 꽃 나비 봄아 봄아 오너라 어서 오너라 내 마음에 벌써 봄이 와 있다." 생각해보니 새로 오는 4학년의 봄을 기다리는 설레임으로 벌써 마음에 가득 피어난 봄의 꽃과 나비를 노래한 아름다운 시였습니다. 지금도 간혹 봄 길을 걷노라면 이 시를 지은 그분이 가졌던 설레임을 한번 공감해보며 읊조려봅니다.
　이제 완연히 봄의 잔치가 벌어졌습니다. 성급한 꽃들은 벌써 지려고 합니다. 앞동산에 연분홍으로 피어난 진달래가 인사하고 장독 뒤 울타리 곁에 피어난 홍매화는 복사꽃 과수원으로 달려가는 마음을 활짝 핀 꽃동산으로 만들어 놓았습니다. 마치 스프링처럼 튕겨 오르듯 생명이 박동하고 샘물이 솟아나듯 봄은 활발한 운동력이 있습니다. 진군하는 용사들처럼 개선장군의 자랑스런 귀국처럼 행진곡이 울려 퍼지듯 힘찬 힘이 느껴집니다.

 봄은 새 생명의 출발입니다. 새움이 돋아나듯 병아리가 어미닭의 품에서 깨어 일어나듯 본격적으로 시작되는 계절은 "새"라는 단어가 어울립니다. 학생들은 새 학기의 부푼 출발을 하고 농부는 언 땅을 파고 새 희망의 씨를 땅에 뿌립니다. 여름이라는 계절에서 초여름보다 한여름이 더욱 우리에게 매력이 있습니다. 풍요로운 결실의 계절 가을도 초가을 보다 늦가을(晚秋)에 운치가 훨씬 아름답습니다. 그러나 봄은 늦은 봄보다는 역시 그 시작의 시점인 새 봄이 가슴 설레게 하고 희망을 줍니다. 새 봄에 지혜로운 사람은 씨앗을 들고 들판으로 나갑니다. 그래서 봄은 미래를 향한 시간인 것입니다. 우리의 삶의 동산에 행복이란 씨앗을 뿌리며 소망의 새 싹을 심고 믿음의 꽃들을 아름답게 피워나기를 준비하는 계절입니다. 그래서 무엇이라는 것과 지금이란 단어가 중요합니다. 같은 장소인데 그 자리에다가 어떤 사람은 아름답고 향기로운 꽃밭으로 가꾸고 또 어떤 사람은 오물을 버리고 잡초가 돋아 올라 쓰레기장으로 만들어 지기도 합니다.

 위대한 선배들의 인생의 봄은 새 삶으로 변화 되면서 부터입니다. 여리고의 민족의 반역자요 욕심쟁이 삭개오가 예수님 만난 후 새 사람이 되었습니다. 믿는 성도를 핍박하던 유대교의 열성파 사울은 다메섹에서 인생의 봄을 맞이했습니다. 야곱도 욕심과 잘못된 인생사로 인해 도망자가 되고 불안과 공포와 두려움의 수렁에서 얍복강에서 맞이했던 새아침의 햇살은 그의 인생의 겨울에 찾아 온 부드러운 희망찬 봄 햇살이 되었습니다.

우리는 더욱 긴장하고 집중하는 엄숙함이 필요 합니다. 왜냐하면 미래의 우리의 방향과 열매가 결정되어지기 때문입니다. 우리가 조심해야 할 것은 초보 운전 때보다 운전이 좀 된다 싶을 때 사고가 시작되듯이 새 봄이 주는 처음의 각오와 그 설렘과 떨리는 순수한 소망으로 마음의 문을 열어야 합니다. 오늘 어디 보다 먼저 우리 마음에 봄이 왔으면 좋겠습니다. "봄아 봄아 오너라 어서 오너라 내 마음에 벌써 봄이 와 있다"라고 노래할 수 있도록.

천청학능고(天淸鶴能高)

"천청학능고(天淸鶴能高)" 지난 가을 존경하는 서예가께서 한자로 써서 족자를 만들어 주신 글입니다. 이 오자성어의 출처를 찾아보았지만 찾을 수 없었습니다만 뜻은 분명 "하늘이 맑으니 학이 높게 날아간다"는 희망적인 글이었습니다. 며칠 째 미세먼지라는 불청객으로 하늘이 온통 안개가 낀 듯 뿌옇습니다. 이로 인해 야외 활동이 위축받으며 기관지와 목 그리고 폐에 치명적이라는 의학적 보고에 모두 긴장 합니다. 심지어 이를 국가 재난경보로 알려올 정도로 심각한 사회문제로 대두되었습니다. 국가에서는 문제를 해결 한다면서 이런 저런 제재를 앞세우고 이웃 나라에 탓을 돌리면서 애를 쓰고 있음이 분명 하지만 왠지 이 또한 인류의 욕심이 낳은 환경의 재앙이란 생각이 들어집니다.

최근에는 일기예보의 주요 내용이 비가 올지나 바람이 불지, 그리고 온도가 얼마나 될 지보다 더 큰 관심은 미세먼지 상태가 양호인지 나쁨인지를 살피기 위해 일기예보를 검색하는 형편이 되었습니다. 지난여름 비금도라는 신안의 한 섬에 들렸습니다. 밤새 바람이 불어 다음 날 나갈 일이 걱정 되었습니다. 아침에 보니 불던 바람이 멎어 좋아 했는데 안개로 인해 오후에야 섬에서 나올 수가 있었습니다. 배가 운항을 못하는 이유가 늘 바람인줄만 알았는데 안개로 가시거리가 확보되지 않아서 운항 할 수 없다고 생각하니 비행기 이착륙의 가장 큰 방해 요인도 안개라는 말이 떠올랐습니다. 돌이켜 보니 우리 인생의 길에도 안개가 끼고 미세먼지가 앞을 가리면서 오리무중(伍里霧中)같은 불확실한 미래를 향해 더듬거리면서 걸어 온 적이 많았습니다. 어찌 보면 이 시대가 눈을 가리고 짐작으로 달려 나가는 경주자처럼 인생의 길을 불안하게 달려가는 시대가 아닌지 걱정이 되었습니다. 항공비행사들은 계기비행(計器飛行)을 합니다. 때론 하늘과 바다를 혼동하기도 하고 지식으로나 육감으로 간파하지 못한 상황이 발생할 때 계기운행으로 자기의 감각보다 계기를 믿고 운항을 한다고 합니다.

우리는 보이지 않아도 이미 경험적으로 신뢰하며 움직이는 길을 걸어갑니다. 미세먼지처럼 우리 인생의 앞길이 가려 보이지 않을 때, 방향과 위치, 그리고 목적지를 계속 코치하고 알려주시는 성령님의 인도를 받아 영적 계기비행을 함으로 무사하게 나아가야 할 것입니다.

  우리고장 증도 출신으로 심리학자인 정태기박사의 책에 호랑이를 잡은 한 재미교포 이야기가 실려 있습니다. "미국의 오리건주의 한 교포의 집에는 호랑이 박제가 있는데 그 호랑이 박제가 거기 있게 된 사연인 즉 어느 날 어려서부터 늘 데리고 다니던 사냥개와 사냥을 나섰는데 사냥개들이 호랑이를 발견하고 짖고 대들고 쫓아가 공격하자 호랑이가 당황해서 겁을 먹고 나무위로 도망가게 되었고 그는 총으로 호랑이를 제압하였다는 것입니다." 개가 감히 호랑이를 향해 공격할 수 있었던 것은 늘 자기주인의 총은 어떤 대상이라도 한방이면 이긴다는 확신 때문이었을 것이라고 정박사는 해석합니다. 온 세상에 봄이 왔건만 미세먼지와 안개 같은 불확실함이 두려움으로 가득합니다. 그러나 우리는 하나님께서 여기까지 보여주신 영적인 계기(計器)를 의지하여 신뢰와 경험으로 자신있게 앞으로 나아가는 것입니다. "천청학능고" (하늘이 맑으니 학이 높게 날다) 저 위대하고 놀라운 미래의 하늘에 높이 꿈을 펼치고 일어섭니다.

색동옷 입고 일어나는 아침

 잎사귀가 떠난 벌거숭이 가지 끝으로 불어오는 새해 바람은 희망찬 도약을 채근하며 다가옵니다.
 지난 봄에는 연록의 그 희망찬 옷을 입었던 가지가 짙은 비단 같은 녹음으로 하늘을 덮었습니다. 그리고 단풍으로 물들어 아름다운 가을을 수놓았던 그 잎새가 떠나간 가지에는 하얀 서리가 내려 앉아 아침 햇살에 보석 빛을 발하고 있습니다.
 금강산의 이름은 계절마다 다릅니다. 그 이유는 그 산이 갈아입는 계절의 옷 때문입니다. 만물이 소생하는 계절에는 여기 저기 생명들이 돋아 오르고 금강석과 같은 보석이라 하여 금강산이라 하였으며 신비한 구름이 허리를 감싸고 짙어진 산 속에는 금방이라도 신비함이 넘치므로 여름에는 봉래산 그리고 단풍에 절벽들이 어울려져 음악을 연주함 같은 가을은 풍악산 그리고 하얀 눈이 내려 온 산을 덮은 겨울은 개골산이라 합니다. 이렇듯 같은 산도 계절 마다 바꿔 입는 자연의 환경에 따라 전혀 다른 정취를 느끼게 됩니다.

유명한 노래 가운데 이은상 씨가 작사한 「봄 처녀」라는 시에 "봄 처녀 제 오시네 / 새 풀 옷을 입으셨네 / 하얀 구름 너울 쓰고 / 진주이슬 신으셨네" 봄이 마치 봄옷을 입고 다가오는 아름다운 서정시입니다. 이렇듯 인생도 입는 옷에 따라 신분이 달라지고 마음가짐이 달라집니다. 운동선수는 그 운동에 어울리는 운동복을 입습니다. 수영선수. 육상선수마다 운동복이 있습니다. 군인은 전투복을, 경찰은 경찰관의 정복을, 의사는 의사 가운을 입고 기술자들은 작업복을 입습니다. 성악가는 드레스를 입고, 검사는 검사복을. 판사는 법복을 입습니다. 임금이 입는 어의가 있고, 관리가 입는 관복도 있고, 평민이 입는 평복이 있습니다. 이렇듯 옷을 그 사람의 정체성을 말하기도 하고 그 사람의 신분을 드러내기도 합니다. 이는 그 사람의 신분과 하는 일을 상징하므로 옷에 따라 의미와 다른 권위가 부여됩니다.

설날이 되니 사람들마다 한복을 곱게 차려 입고 거리를 누빕니다. 그리고 어린아이들은 색동옷을 이었습니다. 이른 바 설빔을 입은 것입니다. 설빔이라는 말은 설날의 장식이나 치장을 상징하는 것으로 설날 입는 옷을 총칭합니다.

특별한 날이 되면 옷도 그리고 치장하는 것들도 예법이 다릅니다. 예를 들면 임금님이 임금으로 책봉 받고 왕이 되면 대관식을 하게 되는 데 그때 입는 옷이 있고 초상이 나면 입는 상복이 있습니다. 전혀 다른 분위기를 가져 옵니다. 결혼식 때 입는 혼례복이 있고 장례를 치룰 때 입는 상복이 있습니다. 이렇듯 옷은 그 사람의 마음가짐을 새롭게 하는 정신적 결단을 상징하기도 했습니다.

  옷을 단정히 입은 사람은 행동도 조심 됩니다. 그러나 옷을 불량하게 걸치고 나가면 품행이 흩어집니다. 긴장된 군인들이 제대하면 제대복으로 예비군 복을 지급받습니다. 그러면 그동안 긴장이 풀려 행동이 방종해집니다. 후에는 예비군 복만 입으면 이상해집니다. 그러므로 설빔은 옷을 입는 순간 마음가짐과 몸가짐이 조심스럽고 새로운 각오를 하게 됩니다. 더욱 성숙한 한 살 더 먹은 성숙해진 인격을 갖고자 노력하며 행실을 조심합니다. 이렇듯 설날에 색동옷을 새롭게 입듯이 깨끗하고 순결한 새 옷을 입고 마음을 모아 조신조신 아름다운 흔적을 남기며 나아가는 순례자가 되고 싶습니다.

© 이동식

새벽을 기다리며 동녘을 바라봅니다

　이슬비가 내리는 산마루를 따라 분홍빛 매화가 활짝 웃음꽃을 피우듯 만발하였습니다. 봄이 벌써 내 곁으로 한참 다가와 있음을 실감나게 합니다. 그러나 우리의 마음은 아직 한 겨울의 꽁꽁 언 장막을 걷어 내지 못한 채 답답한 옷을 벗지 못하고 있습니다.
　지난겨울은 예년보다 포근했습니다. 모처럼 만난 몇 방울 눈발이 반가워 달려 나가보기도 했었습니다. 봄 날 같은 겨울 그러나 그 겨울이 큰 추위가 없이 지나간다 싶었는데 추위보다 온 나라와 전 세계를 얼려 버린 코로나19라는 엄청난 한파에 모든 활동이 움츠러들고 위축되어 버렸습니다.
　답답한 마음에 개울가로 내려가 보았습니다. 갯버들에는 이미 연한 잎 새가 올라와 푸르러 가고 황금빛 산수유는 흐르는 물에 비춰어 오후 햇살을 붙잡고 서 있습니다. 마치 끝이 보이지 않는 수렁으로 빨려 들어가는 듯한 코로나19사태 앞에 생명을 깨우며 봄의 희망을 말하는 자연 앞에 무력한 인간은 두려움과 염려로 다시금 꽁꽁 얼어붙은 동면의 늪으로 후퇴하는 듯합니다.

성공한 사업가들은 여행을 해도 어디 가서 식사를 한 끼 하더라도 사업에 도움이 되는 관련된 계획을 세운다고 합니다. 다 내려놓고 떠난 여행자라도 자기와 관련된 상황이 나타나면 의욕을 보이며 움직입니다. 봄으로 넘어 들어오는 계절의 문턱에서 위기의 찬바람이 불어 왔습니다. 그럼에도 불구하고 이 시련을 더욱 견고한 뿌리를 준비하고 더 건강한 줄기가 되어지는 들녘의 보리처럼 굳게 단련되는 계기가 되기를 원합니다. 고난은 영광과 정비례 한다고 했습니다. 그러므로 인생도 더욱 단련되어 보배가 되는 것입니다. 가마에 넣어 구운 흙 그릇이 900도에서 구우면 토기라고 부른답니다. 그러나 일천 일백도로 구우면 도기(陶器)라고 부른답니다. 또 한 더 온도를 가해 더 뜨거운 온도 일천 삼백도에 구우면 자기(瓷器)가 되는 것입니다. 그야말도 고려청자 조선 백자처럼 견고하고 빛깔도 고우며 청아한 맑은 소리를 내는 단단한 존재가 된 것입니다. 그래서 기품과 품격이 달라지는 법입니다.

가장 강한 광석이라는 금강석은 나무가 흙 속에 들어가 탄화되고 굳어진 것입니다. 그래서 석탄이나 금강석은 구성 원소가 같습니다. 그런데 그 광석이 다져지면서 그 밀도가 달라지는 데 석탄이나 금강석이 되는 것입니다. 지혜로운 인생이며 희망을 품은 사람은 오늘의 당면한 사건 속에 미래를 살아가며 명예나 부귀보다 가치 있고 귀중한 지혜를 터득합니다.

17세기 네덜란드에서 태어난 유대인 출신 스피노자는 그 당시 관습에 얽매이지 않는 자유로운 사상가였습니다. 결국 그는 24세에 유대사회에서 파문당합니다. 그로 인해 사회적으로 경제적으로 종교적으로 고립되어 힘들게 되었으나 그의 유명한 명언 "하고자하는 사람은 방법을 찾아 일어나고 하기 싫어하는 사람은 핑계를 찾아 변명한다"며 다시 도전하여 일어났습니다. 그러한 그를 후세에 "고요한 폭풍"이라고 사람들은 별명을 붙였습니다. 또 루터의 말이라는 논란이 있는 "내일 지구의 종말이 온다 할지라도 나는 오늘 한 그루의 사과나무를 심겠다"는 말처럼 우리가 놓치지 말아야 할 미래를 향한 사명을 일깨워 주었습니다. 오늘도 우리 발걸음을 붙들어 잡는 싸늘한 뉴스가 우리를 움츠리게 합니다. 그러나 한줄기 빛을 모아 등촉을 밝히며 동녘을 향하여 새벽을 기다립니다.

흩날리는 꽃잎도 자기 사명이 있거늘

성급한 시절은 봄날의 화려한 꽃잎을 떠나보내고 신록의 옷으로 벌써 단장하면서 흘러가는 시간 위에 새로운 내일을 만들며 의연하고 자랑스럽게 우뚝 서 있습니다. 오리무중이라더니 안개로 가득한 세상의 불투명한 미래처럼 작금의 우리는 답답하고 마치 끝이 없는 터널에 들어 선 듯합니다. 더딘 소망으로 인해 지쳐가는 시대, 신록의 소망은 지친 나그네를 위로하며 격려합니다.

얼마 전에 종영된 SBS방송의 한 드라마인 "낭만 닥터 김사부" 마지막 회는 참 인상적이었습니다. 죽음을 맞이한 병원장이 마지막으로 병원 식구들에게 남긴 대사는 "헤어짐이란 많이 슬프지만 죽음이란 그리 슬픈 일 만은 아닌 것 같아요"였습니다. 헤어짐이란 서운함과 아쉬움이지만 죽음이란 소중한 인생길을 다 달리고 주어진 그의 생의 마지막을 마치고 통과하는 엄숙한 관문이기 때문입니다. 드라마의 끝 부분은 주제와 걸맞는 국악동요 "류형선 선생님께서 작사 작곡한 「모두 다 꽃이야」와 함께 종영되었습니다. "산에 피어도 꽃이고 들에 피어도 꽃이고 길가에 피어도 꽃이고 모두 다 꽃이야. 아무데나 피어도 생긴 대로 피어도 이름 없이 피어도 모두 꽃이야. 봄에 피어도 꽃이고 여름에 피어도 꽃이고 몰래 피어도 꽃이고 모두 꽃이야. 아무데나 피어도 생긴 대로 피어도 이름 없이 피어도 모두 다 꽃이야"온 세상에 이름 모를 수많은 꽃들로 가득합니다.

하얀 눈송이가 흩날리는 벚꽃, 이미 떠나간 진달래와 개나리가 가득했던 산 능선엔 진보랏빛 철쭉이 채워졌습니다. 발 끝 아래 다가온 보일 듯 말 듯한 무수한 작은 꽃도 환하게 웃고 있습니다. 어느 꽃 하나 덜 예쁘거나 밉지 않고 모두 다 숭고하리만큼 각각의 자태와 사명을 다하며 아름답게 피었습니다. 문제는 이 아름다움을 보는 사람의 시각과 시선에 따라 고결하고 아름답기도 하고 때론 무심코 지나치는 무관심의 대상이 됩니다. 그러나 분명한 고백은 모두 최선을 다해 자기만의 독특한 향기를 머금고 그 자리를 지킨다는 자연의 증거입니다.

아직도 악몽에서 갓 깨어난 사람처럼 가슴이 펴지지도 않고 두려움과 사회적인 분위기는 아직도 위축된 마음이 긴장으로 얼어 자신의 본분과 자리를 잃어버리고 헤매이고 있습니다. 그러나 꽃이 지면 머지않아 그 아름다운 자리에 각각 독특한 맛을 품은 열매가 맺힐 것입니다. 그러므로 일어나 미래를 향한 도약의 오늘 이어야 합니다. 미합중국의 루우즈벨트 대통령이 있습니다. 그의 영부인인 앨리노오는 현모양처라고 사람들에게 존경 받았습니다. 그녀는 가난함과 어려운 생활 속에 소아마비였던 남편의 연약한 부분들을 기도와 헌신으로 응원하고 붙들어 세워 위대한 대통령이 되고 책임을 잘 감당하게 하였습니다. 그녀는 남긴 명언에서 "속이 좁은 사람은 남의 흉을 이야기하고, 평범한 사람은 자신의 일상을 이야기합니다. 그러나 위대한 사람은 미래를 이야기 한다"는 것입니다. 우리의 소중한 사명이 어디서나 가장 멋지고 아름답게 미래를 꽃을 피우시길 바랍니다.

더 멋진 작품을 위해

　봄 바람처럼 불어오는 훈풍으로 약간 풀린 포근함에 긴장을 늦추었는데 해질 녘 나비처럼 하얀 눈이 날리더니 밤새 온 세상을 하얗게 덮어 놓았습니다. 음력으로 아직도 섣달을 보내는 시간이지만 회복을 기대하며 시작한 새해를 맞은 우리의 새 달력의 첫 장도 어느새 채워져 가고 있습니다. 옷이 단정하려면 첫 단추가 중요하듯 과연 지금 잘 시작하고 있는지 점검합니다. 아직도 익숙해 보이지 않은 나의 위치와 모습을 채근하며 시작이 반이라는 지금 첫 발의 위치를 살펴보는 것입니다.

　치매예방에 좋다는 말이 있고 겨울철 유행 같은 매력도 있다면서 아내가 문구점에서 털실과 코바늘을 한 뭉치 사들고 들어왔습니다. 그리고 잔뜩 기대를 하면서 목도리를 뜨고 모자를 만들기 시작 하더니 벌써 몇 개의 작품을 만들어 걸고 쓰고 다니게 되었습니다. 그런데 익숙하지 못한 일이라 어느 때는 거의 작품이 완성 되었는데도 잘못되었다고 판단하여 한참 동안 뜬 작품을 풀기도 합니다. 이제 제법 점점 더 세련되고 멋진 작품들이 만들어 지고 있습니다. 어떤 때는 나에게 물어봅니다, 색상은 어떠하냐고? 모양은 어떠하며 크기는 어떠한지 또 잘 어울리는지 물어 보지만 다 좋게 보이고 괜찮아서 내 대답은 언제나 '좋다'였습니다. 아내는 처음에는 만들어지는 것 자체에 마냥 즐거워하고 만족해 하였습니다. 그런데 어느 순간부터 모양도 용도도 편리까지 생각하며 더 잘 만들어 가는 것을 느꼈습니다. 이제 제법 어디에 내놓아도 프로냄새가 날 정도로 대단한 작품을 만들어 냅니다.

　오늘 한 걸음 한 걸음 우리의 삶도 그 한 순간이 더욱 더 발전적이고 성숙해진 순간들로 채워져 간다면 우리의 수준도 훨씬 높아지고 달라질 것이라는 생각이 듭니다. 그러므로 우리는 더욱 성숙한 미래의 꽃을 피우고 열매를 맺기 위해 오늘을 살아야 할 것입니다. 왜냐하면 오늘이 그 열매를 만들어 가는 과정이기 때문입니다.

　엊그제 새해 첫 날이었는데 벌써 우리는 한 달을 살았습니다. 마치 털실로 목도리나 옷을 만들어 가듯이 한 땀 한 땀의 시간과 일들을 통해 여기까지 달려왔습니다. 한 순간마다 지나오며 만든 흔적이 나이테가 되어 기록이 되듯이 삶의 흔적에서 아름다운 모양이 이루어지고 멋진 사랑의 고백이 되어 꽃으로 피어나 그려지고 있습니다.

　먼저 인생을 살아가신 선배들이 만들어낸 고사 성어 가운데 인생의 흐름을 "電光石火"라는 말로 표현 했습니다. 붙들어 놓고 싶은 시간들이 덧없이 흘러감에 대한 아쉬운 성찰인 것입니다. 하늘에 뇌성이 나면서 환하게 밝히고 사라져 버린 번개의 번쩍이는 빛을 전광(電光)이라 합니다. 또한 불씨를 얻기 위해 부싯돌로 서로 마찰할 때 일어나는 불을 돌에서 얻었기에 석화(石火)입니다. 이 전광과 석화의 공통점은 번개불이 하루 동안 세상을 밝힐 수 없고 부싯돌불이 끊임없이 빛날 수도 없듯이 분명히 지금은 존재하지만 어느 순간 사라져 버린다는 것입니다. 금년 한 해도, 우리 인생도 이렇듯 전광석화처럼 금방 한 해의 저녁이 올 것입니다. 한자 죽을 사(死)자를 분해하면 死 자는 한일(一), 저녁 석(夕), 비수(날아오는 칼)비(匕), 한밤 중 저녁에 어디선가 날아오는 하나의 비수 같은 것이 죽음이라는 것입니다. 우리의 인생도 금방 지나가고 사라질 것입니다. 다시 우리에게 설날 아침을 주신 하나님의 뜻은 실을 풀어 새 마음으로 걸작인생을 짜내어 가라는 선물인 듯합니다.

봄에 어울리는 표정

　마른 풀잎 아래로는 녹아내린 잔설의 생명이 흐르고 찬바람 사이로 비쳐오는 햇살에는 봄의 체온이 느껴집니다. 시간은 지금 봄으로 달려가고 있습니다. 우리의 시선은 언제나 이기적입니다. 그래서 자기의 소욕대로 원하는 곳을 보면서 모든 것의 기준과 평가의 환경으로 삼습니다.

　차가운 눈보라와 꽁꽁 얼어붙었던 대지에서 눈을 떼지 못하면 이미 우리 곁으로 다가온 봄을 볼 수가 없듯이 희망이란 단어는 미래를 바라보는 쪽에 쓰여 있는 새싹과 같은 존재입니다. 그리고 우리는 경험적으로 설렘과 기대를 가지고 아름답게 피어날 향기로운 꽃내음과 탐스럽게 열릴 열매를 바라보는 것입니다. 내려오는 이야기 속에 "어느 산골에 사냥꾼이 독수리를 향해 활을 겨누었는데 독수리는 다른 곳에 골똘하여 전혀 눈치를 못 채더라는 것입니다. 자세히 살펴보니 그 독수리는 뱀을 잡아먹으러 집중하고 있었고 그 뱀은 개구리를 개구리는 무당벌레를 그리고 무당벌레는 진딧물을 바라보면서 자기들이 지금 누릴 욕심에 집중하면서 자신들이 당한 위기를 모르고 있더라는 것"입니다. 우리도 골몰하며 살아가고 있습니다. 그러다 보니 주변을 살피지 못하고 위기도, 사랑도 모르고 살아가는 것 같습니다.

너무나 생각이 많은 것도 위험 하지만 너무나 편견을 가지는 것도 좋지 못합니다. 자주 사용하는 말 중에 "오만 가지 생각"이란 말이 생각납니다. 5가지도 아닌, 500가지도 아닌, 오만가지 생각을 하는 것이 인생이라는 것입니다. 실제로 사람들은 일일 평균 50,000번 생각을 한다고 합니다. 그런데 심리학자들의 조사에 의하면 그 중 49,000생각은 의미 없는 부정적이고 피해의식에 사로잡힌 생각들이라 합니다. 그래서 감사하는 마음보다도, 존경하는 마음보다도, 칭찬 하는 마음보다도, 도리어 불평하고 무시하고 원망하고 질투한다고 합니다. 이렇게 살면 우리 몸의 모든 신진대사 등을 통해 몸의 기능을 유지하고, 균형 잡힌 건강을 유지하는 일이 무너진다고 합니다. 그것은 호르몬이 활성화 되지 못한 것 때문입니다. 그래서 불면증에 시달리고 신경이 날카로워지고 소화도 안 되고 잠도 못자고 무력해지는 것이라 합니다. 그러므로 문제는 우리의 영혼과 마음이 건강하게 살아 있어야 합니다. 신앙적으로 말씀드린다면 믿음 안에서 마음을 강하게 하고 담대히 하고 또 마음을 청결하게 하고 또 마음이 평안해야 합니다.

　어떤 사진전에 거의 똑같은 사진이 두 장 붙어 있었습니다. "왜 똑같은 사진을 두 장을 붙여 놓으셨나요." 작가가 대답 합니다. "아닙니다 한 장은 아침의 햇살 일출이고 또 한 장은 일몰 즉 해지는 때입니다." 보기는 비슷해도 두 사진은 전혀 다른 시간의 메시지를 가지고 있습니다.

　우리는 지금도 인생의 남은 시간을 믿음으로 바라보며 소망을 품고 살아갑니다. 떠오르는 태양은 오늘도 우리에게 희망을 요구 합니다. 편리만 추구하고 세상 것만 바라보기보다 미래를 바라보며 의미 있는 일을 실천하고 봄에 어울리는 표정을 준비 합시다

서두르다 놓쳐 버린 시간을 찾아서

 노는데 빠져 엄마가 부르는 소리에도 투정 부리며 집 뒤로 숨어 버리는 아이처럼, 힘들게도 봄의 화신이 나타났습니다. 앙상하던 백목련의 단단한 가지 끝에도 봉우리가 터졌습니다. 길가의 개나리는 노란 빛으로 새색시처럼 밝게 봄옷으로 갈아입었습니다. 누렇던 잔디밭에도 연록의 물감으로 봄단장을 마쳐, 어느 덧 우리가 봄 속에 살고 있음을 느끼게 합니다. 여기저기서 들리는 답답한 소식들은 아직 겨울인 것만 같은데, 안타깝고 어수선한 세상 속에도 소망을 담은 봄은 피어나고, 힘들게 찾아온 만큼 봄은 아픔을 딛고 일어서라는 희망의 메시지로 들립니다.
 봄바람을 맞으면서 기분 좋은 마음으로 들길을 걸어봅니다. 들판 너머에 민족 시인이셨던 이상화님의 시가 들려오는 듯합니

다. "지금은 남의 땅 빼앗긴 들에도 봄은 오는가 나는 온 몸에 햇살을 받고 푸른 하늘 푸른 들이 맞붙은 곳으로 가르마 같은 논길을 따라 꿈속을 가듯 걸어만 간다." 마치 동토를 뚫고 올라올 희망의 봄을 사모하고 그리워했던 시인처럼 오늘 우리는 희망을 기다립니다. 들길을 걸으면서 그동안 보지 못한 하늘도, 땅도, 내 자신도 돌아보게 됩니다.

우리의 일상은 늘 분주하게 살아갑니다. 그래서 내가 누구인지도, 깨닫지 못한 채 앞만 보고 달려왔습니다. 그래서 얻은 성공과 승리에는 참된 만족과 기쁨이 없고, 깊은 내면의 행복이 없었습니다. 조미료가 듬뿍 뿌려진 대중식당의 음식 맛처럼 금방 식상해집니다. 그러나 어머니의 손끝에서 버무려지고 푹 삭혀 만들어진 시골밥상은 다릅니다. 게미(씹을수록 깊은 맛이 우러난다는 전라도 방언)가 배인 깊은 맛이 그리워집니다.

요즘 방방 곡곡에 펼쳐지는 슬로우시티(slow City)운동이 인기입니다. 아주 오래전 중국의 한 정치 지도자가 일본을 방문한 적이 있었다고 합니다. 일본은 최첨단의 경제적 눈부심을 소개하려고 신간센 고속철을 시승시키며 스피드를 자랑했다고 합니다. 그러자 그 지도자는 중국의 정신인 만만디를 자랑했다는 소문이 있습니다. 사실 만만디(慢慢的)는 중국 사람들의 게으름을 말하는 비하언어이기도 합니다. 그러나 이 말을 중국 사람들은 자신들의 여유와 느긋함으로 자랑합니다. 그들은 가급적 서두르거나 재촉하지 않는다고 합니다. 헤어질 때 인사가 만쪼우(慢走) "천천히

가십시오"라 합니다. 음식을 먹으면서 만만츠(慢慢吃) "천천히 드세요"라 합니다. 우리 민족적 특성은 "빨리 빨리"입니다. 이 조급함이 오늘 날의 부흥과 부지런한 민족으로 만들기도 했지만 또는 비웃음과 부실의 원인이기도 했습니다. 이제 앞만 보고 달려온 우리에게 지금은 약간의 느긋함과 여유로움이 필요합니다. 자연과 마주 하는 시간을 가져 봐야 할 것 같습니다.

　슬로우 푸드(slow food)운동이 있습니다. 요즘은 즉석요리, "3분" 등 음식도 즉석에서 만드는 패스트푸드가 현대인들을 이끌어 갑니다. 시간에 쫓기다보니 찾게 되지만 고열량으로 현대병의 근원이 됩니다. 그러나 슬로우 푸드는 오랜 시간 묵히고 삭히고 발효하므로 그 음식들은 장내 독성을 없애고 담백하다고 합니다. 그래서 심지어는 병원에서 치료목적으로 슬로우 푸드 식단을 권장하기도 합니다. 완도 청산도나 신안 증도, 담양의 창평 등 여러 지역에서 앞 다투어 슬로우 시티(slow city) 운동이 일어나고 있습니다. 잠시 인생의 속도를 늦추고 여유로움을 가지고 자신과의 대화, 자연과의 대화를 나누도록 유도하는 것입니다.

　분주한 삶속에 서두르다 놓쳐버린 소중한 시간을 다시 한 걸음 한 걸음 의미를 부여하며 걸어봐야 할 것 같습니다. 이른 봄 아직은 서투른 봄빛을 맞으면서 인생의 슬로우 타임(slow time)을 가져봅니다. 나와의 깊이 있는 솔직한 대화를 나누며 새싹을 향해 미소를 지어 웃어 주면서.

나의 아름다운 봄을 기다립니다

　햇살 고운 양지에는 벌써 봄 손님이 한나절이나 누워서 자리하였습니다. 산기슭을 돌아서며 불어오는 바람은 아직도 코끝을 매섭게 얼리며 스쳐 지나갑니다. 꽃동산을 준비하는 매실원(梅實園)언덕 위에는 분주한 가지마다 벌써 봉긋하게 새움이 올라왔습니다. 그 기품이 장엄하여 금강산의 한 산맥을 떼어다가 세워 놓은 듯 하다해서 남녘의 "소금강산"이라고 불리는 월출산(月出山)은 떠나지 못한 북쪽의 찬바람의 꼬리를 막아줍니다. 또 설악산의 골짜기의 흘러내리는 비단 같은 섬세함을 닮았다 하여 "남도의 설악"으로도 일컬어지는 계곡에는 봄 잔치 준비가 한창입니다. 바위 산 사이 흐르는 시간의 교향곡은 화려하고 장엄한 곡조를 연주하고 있습니다. 박수소리와 함께 무대장막이 닫히면서 조명이 꺼졌다 켜지면서 다시 이어지는 잔잔하게 밝아오는 2부의 음악처럼 기암괴석 아래로 흐르는 물줄기는 얼어 잠든 대지를 깨우며 남녘으로 흘러갑니다. 시간이 지나가는 들녘에는 봄이 피어오르고 있습니다. 강진하면 떠오르는 꽃이 "모란[牧丹]"입니다. 화려한 자태의 모란은 초여름에 피어나는 여름 꽃입니다.

  중국이 원산지인 모란은 중국인들에게 꽃 중의 꽃으로 선호를 받습니다. 우리 조상들도 이 아름다운 꽃에 의미를 부여하여 부귀영화를 생각하며 베개에 수을 놓았으며 여인들의 장신구에 이 꽃을 그리거나 새겼습니다. 지금도 남아 있는 생활 민속품에는 모란그림과 문양이 많이 등장합니다. 또한 두려운 사후의 꽃동산을 모란동산으로 생각하며 마지막에 타는 꽃가마에 모란을 그려 넣었다고도 알려지고 있습니다. 살며시 불어오는 찬바람 속에 온화하게 내리는 봄 햇살을 맞으며 반겨주는 강진의 명소 "영랑 김윤식시인의 생가"를 찾았습니다. 영랑은 민족의 암흑기와 조국의 고통스런 겨울을 지날 때 살았던 유명한 시인입니다. 그분의 대표적인 시가 「모란이 피기까지는」입니다. 그는 일제의 압제 속에 민족의 봄을 고대 했습니다. 동족상잔의 전쟁터에서 손을 잡고 일어서는 생명의 봄을 그리워했습니다. 그가 많이 사용하였던 단어인 '마음'이나 '가슴'같은 표현은 인생의 깊은 곳의 고백을 꺼내려 하는 듯합니다. 또 '나는'이나 '나의'란 단어를 많이 씀은 자신에게 또는 조국에 이루어지길 원하는 간절한 염원이 그려집니다. 그는 「모란이 피기까지는」이라는 시로 간절한 민족의 봄을 기다립니다. 아직 얼어 있는 바람이 불어오는 날, 영랑의 생가 토방에 올라앉아 그의 기도 같은 마음의 고백을 읊어보았습니다. "모란이 피기까지는/나는 아직 나의 봄을 기다리고 있을 테요 /모란이 뚝뚝 떨어져 버린 날/나는 비로소 봄을 여읜 설움에 잠길 테요//오월 어느 날 그 하루 무덥던 날/떨어져 누운 꽃잎마저 시들어 버리고는/천지에 모란은 자취도 없어지고/…" 모란의 개화 시기가 5월초이니 모란이 필려면 아직 많은 날이 남았지만 봄은 곧 모란이 필 여름을 기대하게 합니다. 생가를 지나 오르는 작은 언덕에는 유리온실이 소박하게 지어져 있습니다. 그리고 거기에 영랑이 그토록 기다리던 모란을 예쁘게 피어 놓았습니다. 영랑의 기다림처럼 "나는 아직 나의 봄을 기다리고 있을 테요" 나도 내 인생의 봄을 기다리는 마음으로 부드러워진 봄 언덕 새싹을 피해 조심스레 발을 내어 딛습니다.

夏
여름날의 시냇가

2

날이 길어진 오후

아카시아 향기
하얗게 흐르고
숲 속 오솔길 따라
아기 꿩들 걸음마 공부에
하루 해가 머문다

헛발 굴러 깔깔 대는
잔털 위 등결 위에는
무지개 하늘이
하얀 웃음을 부르고
어미 꿩 서둘러 아기들을 모은다

오월의 숲 속
좁다란 오솔길에는
달콤하게 채워진 하얀 향기
길어진 날 하루의 해를 붙들고
나그네 종종종 집으로 향한다

날이 길어진 오후

산객의 가슴 깊은 곳으로
여름의 향기 흠뻑 적셔 흐른다.

숲길에서

달궈진 열기를
밤새워 식혀 주었 듯
가득 적신 이슬이
아침을 맞는다

햇살 찾아온 숲 속
작은 옹달샘에는
참새 한 마리 샤워하며
쉰 목을 적신다

축여진 목청을 타고
시원하게 흐르는
희망의 맑은 노래는
하얀 보석되어 힘차게 빛난다

조용한 아침
분주한 마을을 떠나 온 숲길에서
맑은 천상의 노래를 배운다.

숲속나라의 정원

투명 빛 보석이 열린
기다란 푸른 풀잎에 하늘이 내리고
강아지풀 솜털에는
가루보석 은하수 빛난다

선홍색 루비는
붉은 장미 꽃잎에 걸렸고
보랏빛 도라지에
블루사파이어가 열렸다

보석의 황홀경에 멈춰버린 시선
하나 둘 떠나 간
광채만 눈에 아른거리고.
가슴 속 숨은 따뜻한 꽃에는
푸른 열매가 맺혔다

열대야

녹아 처져 내린
호박잎 줄기 끝으로
목마른 두꺼비 혀 내밀어
열기를 꺼낸다

바짝 구워 낸 비스켓처럼
아스팔트 바닥은
타이어를 녹이며 달궈져
온돌이 되었다

제 풀에 지친 태양은
산모퉁이를 지나
서산으로 떠나가는데
열기모아 달려오는 열대야

너는 또 누구냐

빗길 산행

새벽부터
이슬비가 내린다

마음은
그래도 인데
몸은 쉬자고 한다
좋은 핑계 감이니 말이다

그래 그렇지!
옷도 젖고 위험하니
다치면 큰일이지
입었던 운동복 갈아입다가

그래도 안 되지!
우산을 들고 나가면 되지
머릿속이 잠시
갈등에 복잡해진다

젖은 나뭇잎 사이
오르는 산길엔
여전히 부지런한 다람쥐
고개 내밀어 인사를 건넨다

지붕을 울려주는
빗소리에 장단 맞춰
콧노래 꺼내 부르며
우중 산행이 즐겁다.

아카시아

어둔 밤
잠든 하늘로 부터
아카시아 고운 향기가
하얀 빛이 되어
고요히 흐르고 있습니다

하얀 향기는
잠든 영혼 흔들어 깨우고
임을 그리는
셀레임은
밤을 새워 새벽을 기다립니다

나는 한 마리
꿀을 찾는
조그만 벌이 되어
임을 향해 날개 분주히 펼치고
가위 바위 보 동그란 잎사귀 떼어 내던 손
임의 향기에 취해 버렸습니다.

ⓒ 이동식

달개비 핀 언덕

마실 나왔던 청솔모
낯선 길손의 발소리에 놀라
벌써 깊이 숨어 버린
숲 속 언덕 자락에

미안한 마음 사과 하려
내려놓은 눈 앞에
보랏빛 달개비 나도 좀 봐달라며
고고히 길을 막는다

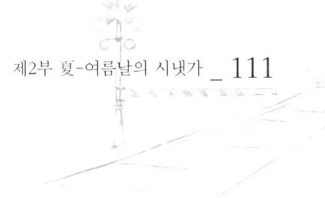

가시나무 꽃

아카시아
하얀 꽃 다래

수줍어
아직 피어나지 못하고

여린
가시를 품어
고개 들고 일어서더니

슬픈 사랑가
목 메이게 부른다

새잎 옷
가지마다 피어 입히고

강한 척
날선 가시 세워서
가시나무 꽃동산 베풀어 놓았다.

더워지는 아침

양귀비 붉은 비단 망사에
실루엣처럼 다가온 아침은
단비에 젖은
머리 결의 향기를 날린다

정체를 감춘 작열하던 태양은
동산 바위 뒤로 바짝 몸을 숨겼고

무지개 날개 빛
멧비둘기는
숨은 자리 찾아내어 신호를 보낸다

오늘도
만만치 않을 거인의 출동 앞에
숨을 죽이며 주섬주섬
아침을 챙긴다.

비를 맞으며 웃었습니다

부드런 안개비가
새벽빛을 따라 내려옵니다

이 정도 쯤 괜찮겠지
출발한 아침 운동 중
소낙비를 맞아
흠뻑 젖어 버렸습니다. ,

나뭇잎에 내리는
빗소리는
장작 타는 소리처럼
공명을 일으켜
숲길을 울려 줍니다.

며칠 전
애타게 갈구하던
가뭄의 호소가 생각나
그냥 태연한 척
웃으며 걸어갑니다.

한 여름 밤의 상념(想念)

　달궈진 열기를 밤새워 식혀준 듯 가득 적신 이슬이 시원한 아침을 맞이합니다. 보석처럼 영롱하게 찾아 온 숲속의 옹달샘에는 이름 모를 산새들이 찾아와 날개를 샤워하며 쉰 목을 적시고 분주한 차례를 기다립니다. 축여진 목정을 타고 시원하게 흐르는 희망찬 노래는 하얀 보석되어 힘차게 빛이 납니다.

　우리나라의 신풍속도는 축제문화입니다. 지역마다 마치 서로 경쟁이라도 하듯이 각종의 축제들이 열리면서 온 나라가 연중 들썩거립니다. 추운 겨울 날 꽁꽁 언 얼음판 위에 빙어를 잡던 추억을 소환하고, 남녘의 청보리 밭은 어린 시절 배고프던 날의 등교길의 기억을 떠오르게 합니다. 또한 자기 고장의 특산물, 자랑거리를 주제로 열린 축제들은 말도 많고 후유증도 많지만 해마다 그 때가 되면 거기에는 또 그 축제가 반복됩니다.

아침부터 종일 달궈진 대지 위에 뜨거운 태양이 화가 난 듯 맹렬히 내리 쪼이던 날, 지역 대표축제가 열렸습니다. 며칠 전부터 개막식 행사에 유명 가수가 온다며 사람들의 입에 오르내리더니만 아니나 다를까 행사장 초입부터 그야말로 주차장이 되어 버렸습니다. 한정 된 공간에 그 많은 사람이 몰려왔으니 그럴 만도 하겠지만 무려 30분 동안 자리를 찾아 돌고 돌다 아주 가까운 곳에 자리가 비어 그 앞을 돌던 내 차지가 되어 가까스로 차를 세우고 행사장으로 입장하였습니다. 수많은 사람들의 대화와 행사장에서 울려 퍼지는 소리는 마치 대목 날처럼 정신없고 북적거렸습니다. 모두 유명 가수의 출연시간에 맞추려 분주히 움직이고 있었습니다.

여러 축제 중 가장 어려운 것이 꽃을 주제로 하는 축제라고 합니다. 꽃은 기온과 환경의 영향을 많이 받기에 해마다 기온이 달라 개화기를 맞추기도 어렵고, 심지어는 꽃이 안 피기도 하여 정작 주최 측은 초긴장 상태가 된다고 합니다. 그러나 꽃 축제는 그럴만한 낭만이 있습니다. 어느 꽃인들 안 아름답겠는가마는 우리 민족에게 연꽃은 많은 소설의 선한 주인공이 되어 등장합니다. 사실 이 연꽃축제에 갈 때마다 종교적 차원에서는 부담이 되기도 했었지만 그러나 종교행사가 아닌 순수 꽃 축제이며 넓고 크게 생각한다면 그 아름다운 꽃을 누가 창조 하였을까? 생각해보며 우리는 당연히 창조주 하나님을 생각하게 되고 영광을 돌리는 것입니다. 그렇게 보면 하나님이 창조하신 창조물이 아름답다고 열리는 축제이니 과히 나쁘게만 볼 것도 아닌 듯합니다.

정신을 빼앗긴 듯이 사람들 틈에 밀려다니면서 급히 용무를 마치고 현장을 떠나려 하는 데 갑자기 힘들게 얻어 차를 세웠던 그 자리가 아깝다는 아쉬움이 들었습니다. 30분이나 돌며 어렵게 찾아 세운 자리인데 너무 쉽게 떠나려고 하니 말입니다. 이는 자연이 주는 가르침이며 삶이 주는 교훈이 아닐까 생각합니다. "화무십일홍" 그 화려하고 아름다운 꽃을 피우기 위해 그 많은 시간과 노력을 기울였던 꽃도 금방 시들고 떠나갑니다. 우리는 영원히 그 자리에 머물 것처럼 착각하여 비겁하고 권모술수를 써서 그 자리를 차지하려 애를 쓰지만 그 역시 금방 비워줘야 할 자리는 아닐까요? 그리고 미련 없이 떠나야 할 자리라는 것을 생각하니 유한한 세월에 인생의 무상함이 첩첩히 그려집니다. 어두워가는 길 위에서 점점 멀어지는 행사장 확성기소리가 저만치 멀어질 때 차 안에 도인이 되어 인생을 생각해 보았습니다. 잠시 후 바뀌는 평안이 아닌 안정되고 언제나 나를 기다리는 우리 집 마당 주차장으로 힘차게 달립니다. 길가의 부용화 연한 꽃잎이 밤바람을 맞으며 부드럽게 휘날립니다. 아마도 내일이면 못 보게 될 아쉬운 작별의 손을 흔들어 주면서.

마음의 창문을 활짝 열고서

철을 잃어버린 노랑나비 한마리가 가쁜 숨을 내 쉬는 여름 숲 속의 전령 원추리 꽃 위로 너풀거립니다. 가슴을 두근거리게 만들었던 추억의 편지를 들고 뛰어가던 소녀의 옷자락처럼 수줍게 날개를 펄럭입니다. 산행 길에서 만난 봄의 전령 덕분에 한 여름 봄날의 추억에 잠겨 희망의 노래를 불러 봅니다. 어느 덧 주름이 깊고 굵어진 얼굴에 어울리지 않던 그날의 추억들도 마치 멈춰 버린 시간처럼 생생하게 오늘의 나에게 대화를 걸어옵니다.

노랑나비 한 마리가 지난봄의 일들을 보따리에 싸서 보내어 왔듯이 지난 날 추억 속에는 내가 살아왔던 심장소리가 들려옵니다. 꿈 많던 시절, 한 편으론 두려웠던 미래와 일들을 겪으며 답답하고 힘든 터널을 여러 차례 지난 후 달려가는 기차처럼 그 수많은 사연들이 내 인생의 열매가 되었습니다. 어떤 사건이나 상황은 과거 속 내 자신과 대화의 연결고리가 됩니다. 그중 유독 우리가 부르는 노래, 특히 동요나 가곡 속에는 그 시절 내가 숨어 있습니다. "엄마야 누나야 강변 살자"라는 동요는 코흘리게 초등학생인 날 만나게 하고 간혹 T.V 음악 프로그램에서 '연가'나 '진주조개잡이'들이 방영될 때면 고교시절 수학여행 때 더듬거리는 코드로 키타를 울리며 노래 부르던 그 때가 생생하게 떠오릅니다. 옛날을 생각나게 하는 멜로디, 그 시절의 향기, 빛바랜 사진들이 타임머신을 타고 과거로 나를 보내어 줍니다. 어젯밤에는 현제명 선생이 작사한 「고향생각」을 불러 봤습니다. "해는 져서 어두운데 찾아오는 사람 없어" 가곡이 안내한 고향집으로 달려가는 내 마음은 벌써 고향집 사립문을 열고 들어섭니다. 친숙한 사랑채 뒤로 오래 된 감나무에 걸린 하얀 달빛 아래로 내 이름을 반갑게 부르며 달려 나오는 어머님의 목소리도 들려옵니다. 한없이 편하고 부담 없이 다가서지는 그 마음은 밤새의 행복한 대화를 시작하게 합니다.

　추억의 창문이 열리면 거기에 다정한 만남과 반가운 일들이 가득합니다. 시대의 흐름은 점점 대화의 횟수와 만남의 감동이 사라져 가고 있습니다. 가까이 있으면서도 때론 같은 일을 공유하고 같은 공간에 있으면서도 마음은 천리만리 떨어져 사는 이상한 세상이 되었습니다. 손이 내밀어지고 다정스럽게 만남으로 밤을 새워도 행복한 시간들은 후덥지근하며 답답하고 무더운 우리 삶

속에 만방으로 창문이 열리는 시원한 시간이었습니다. 마음의 빗장이 열리고 사랑의 바람이 불어오는 것입니다.

요즘은 사람 만나기가 어렵습니다. 수많은 사람들을 스쳐 지나면서도 진정한 만남이 이루어지지 못하는 단절된 시대입니다. 예전에 시골에서는 더운 여름에 마을 동각이나 큰 나무 그늘 아래 모여 앉아 정담과 우애를 나누었습니다. 그늘 아래로 모여든 사람들은 별로 중요하지도 않고 별로 웃기지 않은 정담의 향기를 품은 이야기로 웃음의 꽃을 피웁니다.

그러나 요즘은 아파트 문화와 밀폐된 현실은 모이기보다는 각자 자신들의 공간을 만들고 자신들만의 여름을 보냅니다. 아이들은 컴퓨터 앞에 어른들과 보이지 않는 담을 형성합니다. 얼마 전 의미심장한 예쁜 책 한 권을 선물로 받았습니다. 임상 심리학을 전공한 의사인 글로리아 에반스(Gloria Jay Evans)의 "담"(A. Parable)이라는 책 입니다. 이 책은 오늘을 살아가는 현대인들의 고립과 단절이란 위험한 고통과 심리를 잘 묘사한 책입니다. 지금 나를 고립시킨 것은 다른 사람들이 쳐놓은 장애물이 아닌 자신이 스스로 쌓아 고립되어가는 『담』이라는 것을 깨닫게 합니다. 그러므로 담을 헐어야 합니다. 요즘 도심지 주택가에선 둘러싼 벽돌담을 헐어내고 새롭게 조경하는 일들이 많아집니다. 이는 창문을 활짝 열듯이 더욱 가까워지며 견고한 마음의 담을 허는 소중한 사랑의 회복입니다.

내일을 준비하여 배를 만드는 사람

 녹음 아래 열기로 다가오는 바람은 온갖 만물을 태울 듯 대지를 달구고 있습니다. 다가온 열기를 식혀 주려는 듯 이름 모를 풀벌레의 노래 소리는 성급한 매미군단의 척후병처럼 한여름의 연주회를 시작하였습니다.
 밀짚모자 사이로 흐르는 땀까지 말리는 열기는 양파 밭의 지친 구릿빛 농부의 깊은 호흡을 타고 온 몸을 이미 정복해 버렸습니다. 분주한 삶의 현장에서 우리는 시계를 보고 달력을 보면서 흐르는 시간 속에 달려가고 있는 우리의 위치를 확인하게 됩니다.
 민주주의는 국민의 선출에 의해 대통령이 나라를 통치합니다. 대통령은 나라의 상징이요 중요한 자리입니다. 나라를 다스리던 대통령이 임기가 끝나면 전통적으로 국립 현충원을 방문하고 방명록에 서명합니다. 대통령을 마치면서 어떤 분은 그 방명록에 "물이 차면 배가 떠오른다."는 뜻의 수도선부(水到船浮)란 사자성어(四字成語)를 적었습니다.

나라도 가정도 인생도 마치 망망대해를 항해하는 배와 같다고 합니다. 그 희망과 미래의 바다에 나아가기 위해 우리는 배를 만들고 채비를 합니다. 사실 우리가 꿈꾸는 저 푸른 바다는 두려움의 대상이기도 합니다. 찰랑거리는 바다를 바라보면서 이 바다를 어떻게 지나갈까 염려가 됩니다. 그러나 그 두려움의 대상인 물이 차야 우리가 꿈꾸는 그 배를 띄우고 저 망망대해를 향해 내일로 나갈 수 있습니다. 우리에게 내일이란 엄청난 선물입니다. 내일을 위해 오늘 배를 짓는 수고는 어렵고 힘든 과정입니다. 학생은 학교에서 그 배를 준비하고 사업가는 사업가대로 경영 현장에서 이 배를 만들어 갑니다. 젊은이는 젊은 시간과 열정으로 그리고 신앙인은 내세와 미래를 준비합니다.

어느 시대나 희망의 꽃이 피어오르는 곳에는 실망과 낙심의 한숨소리도 공존합니다. 그러나 꽃을 피우는 수고가 아름다운 열매를 만들어 내듯 시인 서정주님의 노래처럼 "한송이 국화꽃을 피우기 위해" 저 창해 위로 떠오를 미래의 배를 준비해야 합니다.

아카시아 향기와 어우러진 구수한 보리밭 냄새가 더운 바람에 실려 옵니다. 마치 겨울의 고난을 이긴 승전가를 들려주는 듯하며 잠자던 추억을 깨웁니다. 친구들과 군것질 거리가 없던 시절 학교를 다녀오던 길에서 덜 익은 보리를 꺾어 불에 구어 먹으며 서로 깔깔대며 쳐다보던 얼굴에 묻은 까만 그을음이 생각납니다.

 싱그러운 녹음사이로 하얀 이를 드러낸 농부의 웃음은 배에 가득 만선의 기쁨을 누리는 어부의 얼굴처럼 행복합니다. 이 감격을 누리는 주인공은 허리띠를 졸라매고 오늘의 풍요로운 항해를 준비하며 희망의 배를 만들고 미래의 돛을 준비한 자들입니다. 그래서 인생을 항해에 비유합니다. 큰 바다를 향하는 배는 때론 밤에도 새벽에도 달려야 합니다. 폭풍과 암초의 위협 속에서도 이러한 항해를 가능케 한 것은 건실한 배가 준비 되어있기 때문입니다. 지혜로운 선장, 준비된 배를 가진 항해자에게는 장애물이던 암초가 안식처로 변할 것입니다. 지진이나 해일이 일어난 곳의 두꺼비 등 동물들은 이미 지구의 변화를 감지하고 미리 피신을 합니다. 다람쥐가 새끼는 많이 낳으면 풍년이 든다고 하듯 이미 그 다람쥐는 그해의 풍년이 될 자연 환경의 다가옴을 동물적 감각으로 예견한 것입니다. 그러나 만물의 영장인 사람은 다른 곳에 눈이 팔려 미래를 바라보지 못합니다. 다가오는 우리들의 미래는 혜안(慧眼)을 가지고 준비한 사람 편입니다.

© 김미애

삶의 붓으로 인생을 그린다

 끓어오르는 한낮의 수은주가 뭉게구름 증기를 올려 높다란 하늘 가득, 몽실몽실 솜털구름으로 채워놓았습니다. 가로수 그늘 사이로 비를 피하듯 볕을 피해 걸어가는데 더위 속에서 팔짱을 낀 앞서 걷는 젊은 연인의 하늘을 보며 종알대는 소리가 귓가를 간지럽히며 들려옵니다. "저기 구름 속에 거북이가 보이지. 그래 맞아 그 옆에 나무도 있고 토끼도 보이네. 맞장구를 치며 행복해 하는 그들의 숨은그림찾기 놀이에 나 역시 마음으로 구름 속, 내게만 보여 지는 옛 추억을 찾아 더듬어 봅니다.
 사람의 눈은 신비한 안경 같습니다. 행복한 마음으로 보면 행복한 일들이 거기에 보이고 어두운 마음으로 본다면 거기 또한 어둠으로 답답하게 보이기 때문입니다. 그저 구름이란 지상에서 발

생한 많은 공기입자들이 하늘로 올라가 그 공기 속의 미세한 물방울들이 차가워져서 엉기고 모여 공중에 떠다니는 것입니다. 구름은 눈이나 비가 되어 내리기도 하고 하루의 일기를 예측하는 게시판 같은 역할도 했습니다. 구름은 예로부터 신비함의 대상이었고 인생을 가르쳐 주는 스승이었습니다. 그래서 선조들은 하늘의 구름을 보며 하루를 시작 했습니다. 날마다 새로운 모습으로 하늘에 그려지는 구름은, 마치 커다란 푸른 캠퍼스에 하얀 물감으로 그려놓은 하나님의 작품 같기도 합니다. 어느 날은 잔잔한 호수 같은 그림을, 어떤 때는 단단한 붓으로 휘어 갈긴 것처럼 강한 자국을, 때론 검정 먹물을 묻혀 화폭을 채워 어두운 날도 있습니다.

그래서 인생을 구름에 비견하기도 했습니다. 인생을 '구름처럼 흘러간다.'고도 표현하고 답답한 인생은 '먹구름'에 비유하기도 한 것입니다. 또 사람들의 모임을 '구름떼처럼 몰려왔다'고도 표현하고 '구름처럼 흩어졌다'고도 말합니다. 성경에 기록된 것처럼 이집트에서 나와서 가나안땅으로 가던 이스라엘 백성들에게 구름기둥은 그들의 인도자가 되었으며, 하나님의 임재의 상징이었고, 또한 시원하게 그늘을 만들어주는 보호하심의 손길이었습니다. 또 지명에도 염원을 담은 간절한 마음이 들어 있습니다. 과거 농경시대에 농사를 지을 때 천수답이라 하늘에서 비가 내려야만 씨앗을 심고 비가 내려야만 자랄 수가 있으니 농부의 마음은 언제나 하늘을 향하여 구름을 바란다는 망운(望雲)이란 지명이나 운남(雲南), 아름다운 지역을 구름다리를 연상하며 운교(雲橋)라고도 불렀습니다.

마치 소나기라도 한번 시원하게 내렸으면 하는 마음이나 시원한 바람이라도 한번 불어 왔으면 하는 소박한 소원도 구름과 함께 시작되는 것을 알았던 인생의 지혜였을 것입니다.

입추가 지나고 말복도 지났지만 여전히 끓는 대지의 열기를 붙들고 간절한 마음을 품어 저 푸르고 높은 하늘 위에 마음의 붓을 꺼내 소원을 쓰고 그림을 그립니다. 마치 붉게 타오르는 동녘의 기상처럼, 때론 저물어가는 쓸쓸한 황혼의 애달픔처럼, 내 인생의 자화상을 그려봅니다. 화가가 어떤 색의 물감을 사용하느냐, 어떤 붓을 사용하느냐에 따라 밝게도, 화려하게도, 어둡게도, 부드럽게도, 날카롭게도 그려지기도 할 것입니다.

오늘 가슴에 숨겨놓은 작은 붓 하나 꺼내 말로 못한 초록의 감사와 붉은 사랑의 물감을 묻혀서 오늘이라는 내 인생을 그려 봅니다. 푸르른 창공 너머, 포근한 솜 같은 구름의 품을 향하여 나그네의 하루가 달려갑니다. 잠시 후에 열릴 커튼 뒤의 화려한 주인공이 되어.

나그네 인생길에서

100년 만에 찾아 왔다던 폭염을 잠재우려는 듯 간혹 불어오는 바람 속의 서늘한 기운은 가을로 계절을 넘겨주려는 사신처럼 반갑습니다. 석양 하늘에 하얀 구름이 솜털처럼 춤을 춥니다. 아직 남은 열기를 타고 날아오르는 고추잠자리는 다가올 계절을 알려주는 듯 먼저 하늘로 마중 나섰습니다. 여린 모를 내어 심었던 산 아래 들녘은 풍년을 기약하듯이 튼실한 모습으로 내일을 준비합니다.

우린 더위가 힘들어 피서를 선택합니다. 그러나 자연으로 부터 무더위 속에서도 다가올 계절에 내놓을 열매를 준비하며 더위를 활용하는 지혜를 배우게 됩니다. 누군가 이런 말을 했습니다. 하루는 길지만 한 주도, 한 달도 금방 지나간다고 하면서 자신의 인생이 훌쩍 지나버렸다고 안타까워합니다. 사실 우리의 인생사, 살아가는 시간들 중 어느 한 순간도 쉬운 때가 없었습니다. 인생의 흔적이 되어버린 지나 온 과정들은 다가올 계절의 자랑스러운 열매를 준비합니다. 어려운 여건 속에 내일을 향한 기회와 의미가 주어졌기 때문입니다.

며칠 전 베트남 다낭을 다녀왔습니다. 베트남을 생각하면 우리에게는 월남전의 이야기가 먼저 떠오릅니다. 당시 유행했던 대중가사에 등장한 '월남에서 돌아온 새까만 김상사'의 이미지처럼 우리에겐 베트남은 월남이란 이름과 무더위와 정글로 더 익숙합니다. 월남은 월맹에 의해 통일된 나라로 지금은 베트남이라는 사회주의 국가입니다. 그래서 우리 민족과는 슬픈 역사적 관계를 가진 나라입니다. 지금은 국교가 회복되고 여행이 자유화 되면서 많은 우리나라 국민들이 이 나라를 여행합니다.

베트남의 길쭉한 지도 중 중간정도에는 파월 장병들이 주둔했던 다낭이란 곳이 있고 거기에는 버블 마운틴이란 작은 산이 있습니다. 그 산에는 유명한 자연동굴이 있습니다. 물론 불교는 근본적으로 기독교적인 천국과 지옥의 개념과는 많이 다르지만 그 동굴에는 소승불교적인 내용으로 만든 천국과 지옥을 표현한 조형물이 인생사를 돌아보게 하였습니다. 동굴로 들어가는 길은 인생길처럼 가파르고 깊습니다. 중간 쯤 들어가면 쉼터도 있고 광장 같은 공간이 있어서 삶의 현장 같기도 했습니다. 여기서 두 갈래로 길이 갈라지는데 하나는 아래로 동굴이 이어지고 하나는 위쪽으로 이어집니다. 그래서 이른바 지옥으로 내려가는 길과 천국으로 올라가는 길을 만들어 놓은 것입니다.

　이 세상 피조물 중에 가장 강한 존재이면서도 연약한 존재가 사람입니다. 그래서 영웅호걸도 어느 누구라도 한번은 왔다가 떠나가는 나그네 길에서 어느 민족이나 어느 시대 사람이라도 다가올 내세는 두려움의 존재가 되고 또는 기대가 되는 기다림의 세계일 수도 있습니다. 그래서 불교적인 교리로 만들어 놓은 동굴의 스토리텔링을 기독교적인 차원에서 각색해서 이해해 보려고 시도해보면서 인생 공부를 하게 되었습니다. 그 동굴은 신비하고 멋진 명소였습니다. 마치 우리 인생 또한 아름다운 길입니다. 그러나 그 길 끝자락에 머지않아 갈림길이 있습니다. 거기서 생명의 길, 진리를 택한다면 약속의 미래가 열리고 영원한 상급이 주어지는 천국이 기다린다고 생각하니 기분 나빴던 우상의 현장에서 나의 인생길을 확인하는 계기가 되었습니다. "나는 길이요 진리요 생명이니 나로 말미암지 않고 아버지께로 올 자가 없느니라" 내 기분 탓인지 동굴을 빠져 나오는 사람들의 표정이 사뭇 진지하게 보였습니다. 동굴이 보여준 인생 교육장에서 나의 모습을 확인해 봅니다.

행복의 통로를 관리합시다

하늘을 담은 듯 넓은 들판에는 가득이 물이 채워지고 구름도 하늘을 나는 하얀 백로도 무논 속에 비추입니다. 해마다 이 맘 때가 되면 가뭄이니 물 부족이니 하는 말들로 잔뜩 긴장했습니다. 그러나 올해는 겨울 가뭄 속에서도 수량이 넉넉했던지 모내기도 순조롭게 진행되어 들판에는 벼들도 무럭무럭 자라고 있습니다. 짙어가는 벼논으로 향하는 수로에는 물이 찰랑 찰랑 가득 채워져 흘러갑니다. 물이 흘러가는 곳마다 농부들은 마음껏 물을 대며 가을을 기약합니다. 풍성한 물이 흘러가는 수로관리를 참 잘하였다는 생각이 들었습니다.

"관리"란 말은 모든 분야에 중요한 의미를 가지고 사용되고 있습니다. 국가는 위기관리를, 어떤 공동체나 단체 그리고 개인적으로도 각 분야의 관리를 잘해야 한다는 인식이 확대되고 있습니다. '관리'란 단어는 사전적으로 보면 '모든 것의 원래의 상태와 추구하고자하는 성능을 유지하고 보호하는 것'입니다. 그래서 관리가 잘못 되었다면 길이 막히고 운영에 지장을 받게 되는 것입니다. 정치인들은 표에 의해서 당락이 결정되는 선출직이므로 지지하는 표를 관리하려고 유권자들에게 정성을 다합니다. 연예인들 또한 자신을 잘 관리하지 못해 인기가 하락하고 구설수로 몰락하는 것을 종종 보게 됩니다. 여성들은 외모와 피부를 관리하는 일에 신경을 씁니다. 기계나 여러 운영시설들도 관리자에 따라 효율적인 면에서 많은 차이가 나타납니다. 자동차도 전문적인 식견을 가지고 바르게 관리한다면 고장이 없이 오래도록 그리고 안전하게 이용하지만 잘 관리하지 못하고 함부로 사용하게 되면 금방 망가지고 위험하고 어려움에 처할 수밖에 없습니다.

그중에 제일 중요한 것이 인간관계의 관리입니다. 초등학교 들어가면 처음 배우는 한글 단어가 "나·너·우리·대한민국." 점점 나로부터 이웃으로 그리고 공동체로 관계를 잘 유지하기를 원하는 순리와 같습니다. 요즘은 웰빙시대입니다. 나의 마음, 나의 성품, 나의 삶을 잘 관리해야 합니다. 그 중에 더욱 신경 쓰는 것이 건강관리입니다. 몸이 아파 고생하는 사람들에게 건강관리는 너무 중요한 삶 속의 일과가 되기도 합니다.

특히 언어관리가 중요합니다. 우리는 다른 것은 다 잘 하고 모든 부분도 좋은데도 불구하고 언어 관리를 잘못해 후회할 때가 많습니다. 어떤 사람은 힘들게 수고하고 헌신하고서도 자기 입으로 공치사를 해서 그 업적을 다 날려버립니다. 오늘 내가 사용한 말 한마디가 이웃에게 용기와 격려 위로와 행복을 주기도 하고 반면에 상처를 입히고 좌절하게 하고 멀어지게 하는 독이 되기도 합니다. 그러므로 진실하고 복 된 언어와 인격이 되도록 삼사일언하는 자세로 관리하여야 합니다. 중국의 사마천은 "외모만 장식한 말은 꽃처럼 화려하고 지극한 말은 최고의 열매이며 충고하는 말은 약과 같으며 달콤한 말은 독을 품었다"라고 가르쳤습니다. 말은 그 사람의 캐릭터가 됩니다. 말이 신중하면 신중한 사람, 말이 밝으면 밝은 사람, 입술의 열매로 그 사람은 정직한 사람이야! 온유한 사람이야! 냉정한 사람이야! 성질이 못되었어! 라고 평가됩니다. 내 입술의 언어가 나의 모습입니다. 군 생활 중 본 정비고 앞의 표어처럼 입술도, 인격도, 사람도 "닦고 조이고 기름치는" 인생의 관리를 생각합니다.

영혼의 비타민 행복의 쉼터에서

 길어진 해가 사람도 자연도 지치게 하는 계절, 무섭게 내리는 열기는 온 대지를 들끓게 하고 지쳐버린 세상에 위로하기라도 하듯이 공작 선인장이라는 이름의 화초가 담 옆에 함박만한 꽃을 활짝 피었습니다. 너무나 약해 긁히고 찢긴 잎사귀가 안타까워 몇 가지 지지대를 세워 주었더니 보답이라도 하듯 여린 잎으로 연결된 마디 가지에 최고의 화려함을 간직한 꽃을 피어냈습니다. 보통 선인장의 종류는 꽃이 피어 우리에게 보여주는 시간이 불과 며칠 정도이지만 어떤 꽃보다 화려한 공통점을 가지고 있습니다. 불과 2~3일 동안 화려함을 피워내려고 많은 각고의 시간 속에 버티어온 모습을 보며 언젠가 우리도 피워낼 멋진 소망을 품고 오늘을 이기는 동력을 얻게 됩니다. 곧 떠날 마지막 화려함이 아쉬워 조금이라도 더 봐 주고 싶어 가까이 다가가서 그늘 곁에 앉아 꽃과 시선을 맞추어 봅니다.

　우리 교회 강단에는 여름에는 주로 서양란을 한 쪽을 바라보게 줄을 맞추어 심어 장식을 합니다. 그리고 평일에는 햇볕이 잘 들어오는 유리 창문 옆으로 내 놓습니다. 며칠 동안 외부에 출타하고 돌아와 보니 그곳에 내놓은 난들이 고개를 돌리고 서 있었습니다. 그날 큰 비밀을 알았습니다. 현관으로 내 놓을 때 꽃들의 얼굴이 유리창을 바라보도록 화분을 내 놓아야 하는데 거꾸로 내놓았던 것입니다. 그랬더니 며칠 동안 이 꽃들이 햇빛 쪽으로 고개를 돌리려고 몸살을 앓은 듯 했습니다. 급한 마음으로 다시 유리창을 향하여 돌려놓았더니 다음 날 보니 다시 고개가 앞쪽으로 돌아왔습니다. 꽃과 식물은 빛을 향하려고 하는 특성이 있는 듯합니다.

　자연은 우리에게 많은 것을 배우게 합니다. 이스라엘 백성들이 40년 동안 걸었던 광야사막의 식물들은 며칠 만에 개화하고 열매까지 맺는 이런 특성을 가지고 있다고 합니다. 아마도 이는 출애굽한 이스라엘 백성들에게 엄청난 교육 현장이었을 것입니다. 작열하는 태양과 사막의 짐승들 그리고 지친 육신으로 지치고 피곤했던 그 나그네 인생길, 때론 홍해를 건너고 시나이 광야에서 기적도 체험 했지만 현실은 언제나 평안보다 불안이 엄습하였을 것입니다. 척박한 광야에서 피어나는 생명은 지쳐가는 그들을 위로하고 소망을 주심으로 일으켜 세워주신 것입니다.

이 시대의 사람들은 세상사에 지쳐 예민해져 있습니다. 시원한 에어컨바람을 맞고 앉아 있어도 그 속에는 속상한 일들로 인해 열불이 일어 날 때가 있습니다. 부요하고 풍요로운 시대에 몸은 호화로운 황금 비단침대에 고급 잠옷 차림으로 누었다 할지라도 그의 현실은 가시로 만들어진 방석에 누워 있는 것 같습니다. 평안도 안식도 없어 마약을 찾고 우울증에 방황합니다. 중요한 것은 진정한 위로와 쉼은 마음이 누리는 선물입니다.

　미국 어느 대학 연구에 의하면 "평생 정기적으로 예배에 참석한 자는 그렇지 않은 사람들에 비해 7년이나 더 수명이 길었다"는 연구결과가 있습니다. 이는 예배를 통해 치유되고 회복되는 쉼을 얻었기 때문입니다. 어거스틴의 유명한 말 중에 "당신이 빵을 사고 싶을 때 동전을 지불하고 가구를 사고 싶을 때 은전을 지불하고 토지를 사고 싶을 때 금전을 지불합니다. 그러나 당신이 사랑을 사고 싶을 때 당신은 당신 자신을 지불해야 합니다. 사랑의 값은 당신 자신이기 때문입니다." 피곤한 인생길, 무거운 짐을 진 인생이지만 영혼의 비타민인 아버지를 향하여 일어납니다. 상처를 어루만지시는 사랑의 손으로 토닥거려 주시는 포근한 품에 안식을 찾아봅니다.

통제영 객사에 앉아 흐르는 인생을 읽다

하늘에서 여름빛을 모아 고아낸 물감을 부어 낸 산자락에 신비한 녹색비단 폭이 바람에 출렁대며 한들거립니다. 한여름 산곡을 따라 흐르는 바람결은 지친 대지와 축생들에게 위로와 쉼을 선물하는 손길입니다.

알 보리 익어가던 들녘에 늦은 물 잡아 심어 놓은 벼들이 어느 덧 속에는 이삭을 베려하는 듯 주먹만한 포기로 퍼지며 햇살이 내려주는 열기를 온 잎에 흡수하여 더욱 짙어지고 있습니다. 성급한 매미는 울다가 때를 잘못 계수한 것을 알아 차렸을까? 놀라 잠이 들었는 듯 조용해진지 한참입니다. 유명한 서정주 시인의 「국화옆에서」에서 "한송이 국화꽃을 피우기 위하여 봄부터 소쩍새는 그렇게 울었나보다 한송이 국화꽃을 피우기 위하여 천둥은 먹구름 속에서 또 그렇게 울었나보다"라고 노래했습니다. 그 야말로 국화 속에 들어있는 지나온 역정이 피어난 꽃잎마다 그대로 살아 느껴지듯이 인생도 과정 없이 그 결과에 도달하는 일이 없다는 자연이 외치는 진리의 선언입니다.

뜨거운 햇살 아래 지인들과 통영의 세병관이란 유적지를 돌아보았습니다. 조선시대의 목조로 된 대형 건물 중 서울의 경회루와 여수의 진남관과 함께 불타지 않고 잘 보존된 가치가 큰 한 건물로서 경상도와 전라도, 충청도의 삼도를 총괄하는 수군의 최고수장인 삼도수군통제사의 객사(客舍)였습니다. 원래 이순신장군이 임진왜란 때 통제사가 되어 한산도에 통제영이 있었으나 6대 통제사였던 이경준통제사가 통영으로 이전하였고 지금은 국보305호로 지정되었습니다. 그 건물의 입구에 있는 지과문(止戈門)은 한자인 '그칠지 자와 창과 자로' 창을 그친다는 의미로 전쟁을 끝나기를 고대하는 마음과 주 건물인 세병관(洗兵館)의 뜻도 '병기를 씻는다'는 뜻으로 하늘의 은하수 물을 퍼다가 병기를 씻는다는 하늘에 평화를 바라는 염원이 깃든 건물이었습니다. 오늘 우리가 누리는 번영과 풍요가 우연이나 현세의 노력으로만 이루어진 것이 아니라 지난 선조들의 노심초사 헌신하고 바랐던 열매로 맺혀진 것이라 생각해봅니다.

세병관 추녀 밑에는 수백 년 전부터 한 방울씩 낙수물이 떨어져 사람 손이 들어갈 만하게 패인 자국이 있습니다. 이처럼 집중력과 끊임없는 도전은 상상할 수 없는 위대한 결과를 만들어 냅니다. 유명한 투수 선동렬씨는 그의 투구 비법을 소개하면서 '공은 팔로만 던지는 것이 아니라 다리로 던진다'는 의미심장한 말을 했습니다. 하나의 공을 던질 때에도 온 몸이 그 공을 던지는 데 힘을 모았던 것처럼 전심전력하여 힘을 쏟아 삶으로 열매를 맺어야 할 것입니다.

생각하게 하는 인생

　높아지는 하늘아래 영글어 가는 가을을 준비하는 마지막 열기는 알곡마다 과실마다 깊은 단맛을 모으고 있습니다.
　고개를 숙이기 시작한 이삭들과 과원의 가지 위로는 고추잠자리가 노닐며 더욱 높아진 구름 위에는 들녘을 향한 미소로 가득합니다. 지친 농부의 발걸음은 경쾌해졌고 굽었던 어깨에 웃음옷을 걸쳐 입었습니다. 무더위가 풍년을 준 것입니다. 조금만 깊이 생각하면 고통과 원망들이 고마운 재료였다는 것을 누구나 경험 하건만 생각보다 앞서 몸이 마주하는 현실은 낙심하게 할 때가 많았습니다.
　인생의 선배들은 사람을 다른 모든 피조물과 구별하면서 사람은 생각하는 특성을 가지고 있다고 했습니다. 그 사람의 생각이 꿈을 꾸게 하고 살아가는 지혜도 되며 미래를 향한 소망도 이 생각으로부터 출발합니다. 그래서 사람을 구별하면서 학자들은 생각하는 부류라고 해서 "호모 사피엔스"라고 하는 것입니다. 그 생각으로 삶이 발전하고 개선되며 문명이 더욱 고등적으로 발달했던 것입니다. 사람은 쉼 없이 생각합니다. 그러므로 생각이 멈췄다는 것은 삶이 멈추어 선 것입니다. 우리가 받는 가장 속상하게 들리는 평가가 "생각 없이 산다."는 평가입니다.

세계적인 최고의 사상가이며 그리스의 철학자 아리스토텔레스는 형식논리학으로 서양 정신세계를 지배하였습니다. 그런데 그 스콜라 사상에 반대하며 직관적 경험주의를 주장한 17세기의 지성이 데카르트입니다. 그는 "나는 생각 한다 그러므로 존재 한다"라는 유명한 자신의 사상적 철학을 공포 하였습니다. 인생 삶의 존재의 의미가 생각이라는 것입니다.

지금도 우리는 생각하고 있습니다. 과거를 생각하며 감사하고, 미래를 생각하며 소망을 품습니다. 생각 없이 그냥 되는 대로 산다면 걱정도 문제도 못 느끼겠지만 생각하며 살기에 고민도 있고 기쁨도 염려도 하며 사는 것입니다. 그러나 우리의 생각이나 사상은 언제나 추상적인 자리에 있고 우리 현실은 늘 가까이 있으므로 별도로 생각하며 살아갑니다. 그 생각을 오늘의 삶에 적용하면 우리의 삶의 의미는 훨씬 강렬해지고 가치도 높아 질 것입니다.

며칠 전 자녀들이 와서 함께 쇼핑센타를 다녀왔습니다. 여기저기 기웃거리며 몰두하는 가족들과 달리 난 쇼핑센타 방문이 제일 지루하고 따분하며 낭비하는 시간 같아 별로 좋아하지 않았습니다. 그러나 가족과 함께 하고 시원해서 걷기운동이라도 하려고 매장을 코스로 삼아 돌기 시작하였습니다. 열병을 하듯 진열되어 있는 상품들을 바라보다가 재미있는 상품이름 앞에 발길이 머물러 한참이나 깊은 생각에 빠지게 되었습니다. 모회사의 안대와 타올이였는데 안대 이름이 "깨우면 안대"였고 떼밀이 타올의 이름은 "모든 사람은 다 때가 있다"였습니다. 동음이어를 이용하여 기발하게 지어진 이름이 나를 붙잡았습니다. '그렇지 모든 사람은 다 때(더러운)가 있지. 이 세상에 완벽하고 흠없는 사람이 어디 있겠어? 누구나 흠도, 약점도 있고 불필요한 벗겨내야 하는 때가 있어' 하며 반성하는 맘으로 상품명을 읽다가 또 한 가지 생각에 사로 잡혔습니다. '모든 사람에게는 다 때가 있지. 지금 안 된다고 서두르거나 낙망하지 말고 그 때를 기다리고 준비하며 포기하지 않는다면 반드시 그 주인공이 되지 않을까?' 불편하게 생각했던 쇼핑 따라간 날, 우연히 만난 한 상품의 이름 앞에 좋은 생각, 깨달아 지는 마음으로 행복한 시간이 되었습니다. 오늘도 나는 생각합니다. 그래서 나는 존재합니다.

아름다웠던 그 자유로움의 자리로

　슬그머니 다가와서 벗어 내지 못하던 두꺼운 옷을 벗기는 초여름의 손길은 아카시아 향기를 품은 데워진 날씨로 우리에게 다가옵니다. 언덕너머로 멀리서 들여오는 사랑을 부르는 꿩의 간절한 노래는 여물어져가는 보리알에 황금빛 물을 들여놓았습니다. 메아리치며 사랑에 대답하는 세월의 물감은 연둣빛 산야를 진록으로 채색하며 병풍처럼 펼쳐집니다.

　숲속의 계절은 수수하며 평등한 자유로운 세상을 펼쳐 놓았습니다. 사람에게 주신 위대한 선물이 자유입니다. 토마스 아퀴나스는 자유를 신의 영역에서 받아들였습니다. 프랑스혁명 인권선언에 정의하기를 "자유는 다른 사람에게 피해를 주지 않고 할 수 있는 영역이라"하였습니다. 프랑스혁명에 사상적 영향을 미친 루소는 "진정한 자유는 자연으로 돌아가는 것"이라고 말했습니다. 인류의 굴곡진 사회는 계급과 물질적인 종속아래 보이지 않는 권력과 힘에 억눌리고 구속되어 참 된 자유를 잃어버렸습니다. 그러나 그 안에 찾은 희망인 진정한 자유라는 선물은 삶의 큰 돌파구가 되며 의미로 작용하였습니다. 세계적인 자유국가로 알려진 미국의 버지니아 주지사 "패트릭 헨리"의 명연설인 "자유가 아니면 죽음을 달라!"라는 유명한 말은 인류가 그토록 추구하고 누리고 싶어 하는 삶의 기본적 욕구가 되었습니다.

자유는 행복함으로 이끄는 커다란 비중을 가진 요소가 된 것입니다. 온 지구촌이 코로나 바이러스의 공포 아래 생활에 자유를 잃어버리고 억눌려 지내다가 조금씩 다시 활동을 재개하였습니다. 조금이라도 풀린 자유로 인한 해방감으로 관광지도 식당들도 인파가 몰려 장사진을 이루고 있습니다. 그러나 자유는 방종하기 쉽고 책임이 따르는 분명한 일이기에 자유 속에 감사와 절제의 지혜를 가져야 합니다.

12세기 이탈리아의 수학자인 피보나치는 가장 아름다운 하나의 규칙을 발표 했습니다.

이른바 피보나치수열과 황금률입니다. 이는 자연 속에 하나님이 주신 아름다운 규칙입니다. 자유로움은 무분별한 질서가 아닌 정해진 규칙 안에 진행되고 안정되어야 진정 아름답다는 것을 상징합니다. 우리의 삶 속에 때론 꾸짖는 질책도 필요하지만 따뜻하고 자애로운 말 한 마디가 더 그 사람의 삶을 변화시킵니다. 대인관계나 공동체도 불평이나 비난보다 감싸주고 위로하고 격려하고 칭찬할 때 그 공동체가 힘차게 성장하고 세워져 갑니다. 그래서 잔소리하는 입술도 중요하겠지만 부드럽게 손을 꼭 잡아 인도해주는 사랑의 체온이 필요합니다. 모든 분야가 마치 급속한 냉동실로 옮겨진 것처럼 준비도 없이 얼어버리고 가까이도 사랑스럽게도 접촉할 수 없던 굳어버린 시간들을 보내면서 내가 누리던 소중한 것들을 이제야 깨닫게 되는 계기가 되었습니다.

 지금은 그 아름다운 자유의 현장으로 돌아올 골든타임입니다. 혹자는 기회가 오면 생각만 하다 놓쳐버리기 일수이지만 지혜로운 사람은 미리 바른 생각을 품고 준비하고 있다가 힘찬 행동으로 주인공이 되어 뛰어갑니다. 우리의 멎어버린 심장을 살리는 시간을 골든타임이라 합니다. 방심하다가 나중에야 힘을 내봐도 그때는 엄청난 대가를 치르고도 효과가 미약할 것입니다. 내가 누리던 그 존귀했던 자리에 감사를 품고 다시 돌아와 아름다운 꽃을 피우는 오늘이고 싶습니다.

무지개 언덕을 향해

　하늘 끝에서 달려온 엷은 햇살은 신록으로 채색 된 산자락에 투명하게 비춰옵니다. 이슬처럼 맑게 태어난 계절의 상쾌함은 여린 잎새에 보석처럼 맺혔습니다. 모처럼 따뜻했다는 봄날의 기온들, 그러나 코로나19의 냉엄한 사회의 기류는 사람들의 마음을 꽁꽁 얼려버렸습니다. 그러나 대지를 향한 자연의 시계는 숨차게 달려와 설레이며 민감해진 가슴 위엔 어느덧 장미를 피어오르게 하였고 연둣빛 비단 여름옷으로 입혀줍니다.

　오솔길을 따라 마른 덤불 사이로 금낭화가 고개를 내밀었습니다. 친구삼아 작은 꽃에게 다정한 말을 걸어봅니다. "너도 피어 있었구나. 참 예쁘게 피었구나." 수줍은 금낭화가 바람에 흔들리며 대답합니다. "저는 이 모습 그대로 언제나 여기 있었답니다."

그 자리를 지켜 준 꽃이 산길을 환하게 밝혀 줍니다.

 기구한 인생을 살았던 불행한 시인 프랑스의 시인 랭보라는 사람이 있습니다. 누구나 그 시인을 기억하는 것은 그가 남긴 유명한 시구가 많은 사람들에게 인용하는 용어가 되었기 때문입니다. "상처 없는 영혼이 어디 있으랴"(랭보의 시 중에서) 아무리 고운 사람도 화려한 사람도 모두 상처 한번 없이 살아가는 사람은 존재하지 않습니다. 길가에 갓 돋아 난 매끈한 풀잎에도 자세히 보면 긁힌 상처가 있고 어여쁜 꽃잎에도 찢긴 상처가 있습니다. 물론 인생사 누구나 그 가슴속에 불덩어리 한번 안 품은 사람은 없습니다. 지금 지구촌이 신음하고 불안하고 두려움과 위축된 가운데 있습니다.

 이럴 땐 우리끼리 덜 아픈 사람이 더 아픈 사람을 그리고 성숙한 사람이 더 연약한 사람을 꼭 안아주어야 합니다. 얼마 전 퇴근길 지하철 4호선에 이런 방송 멘트에 많은 사람들이 눈물을 흘렸다고 합니다. "오늘 하루 수고 많이 하셨습니다. 오늘 하루 받은 스트레스나 힘든 일, 속상한 일 있으시면 내리시면서 열차에 다 버려두고 가벼운 마음으로 내리십시오. 제가 내리면서 빗자루로 다 쓸어버리겠습니다."

 방역을 위해 사회적 거리두기를 실천하다 보니 어느 새 서로 안아주고 손잡아주고 다독여주던 손길이 굳어버렸습니다. 음식에 대한 고마움은 배고파봐야 비로소 알게 되고, 건강의 소중함도 아파봐야 안다고 합니다. 직장에 대한 감사도 실직을 당해야 깨닫고, 외로워보면 가족도 이웃도 우리라는 단어의 소중함을 더욱 실감하게 됩니다. 사회적 거리두기가 한없이 연장되고 있습니다. 사회적 거리두기가 이웃을 위한 배려인 것은 분명합니다. 그러나 이러한 거리두기로 인해 눈에서 멀어지면 마음도 멀어진다는 속담처럼 우리는 더 소중한 것을 잃어버리고 있습니다. 이러다가 이웃과도, 하나님과의 관계도, 소원해지고 말까 두려워집니다. 우리의 사랑과 감사의 표현이 회복되어 마음껏 악수하고 식사를 나누며 사랑을 나누는 영적거리가 회복되길 원합니다.

아침 햇살이 찬란합니다. 꽃들이 활짝 웃습니다. 무지개 언덕을 향해 덩달아 웃으며 사랑을 품고 달려갑니다.

3
秋
알곡에 영그는 이력서

가을 나비

아지랭이 피어오르는
봄 동산 햇살 따라
춤추던 하얀나비 한 마리

오늘 코스모스 밭에서
너를 보았네

어디론가 말없이 떠나
소식조차 몰랐었는데

반가운 마음에
가까이 달려갔건만
모른 체 하며
멀리 날아가 버렸네

잊혀졌던 햇살
양지바른 배추 꽃 위
방긋 웃던 미소가 그립다.

가을비

가을 비가
밤새 내립니다

단풍잎새 타고
붉은 물이 흐릅니다

막 깨어 난
눈동자엔
가을빛이 맺혔습니다

떨리는 가슴도
따라 붉어집니다

가을비 내리는
쓸쓸한 가을입니다.

할머니의 가을

두메마을
산밭에
콩 수확이 끝났습니다

며칠 째
그 자리, 머리에 수건을 두르시고
허리 굽은 작은 할머니가 계셨습니다

그러나 콩단을
이리 뒤집고 저리 굴리며
막대기로 힘겹게 터시던
할머니의 모습이 보이지 않습니다

아마도
사립문 안마당 멍석 위에 앉아
딸래미집 메주 준비
콩 고르며 계실 것 같습니다

할머니 떠난 콩밭엔
산비둘기 몇 마리
주인처럼 자리를 지키고 있습니다.

ⓒ 이동식
8_ 햇살이 머무는 사랑

꽃무릇

잊고 있었습니다
당신이 거기 계셨다는 것을

아득히 안개 덮히고
이슬비 내리던
제법 싸늘한 바람 불어오던 밤

점령군의 깃발처럼
화려한 꽃무릇 화관은
태고의 아름다움을 닮았습니다

억누르고 참고 기다리던
깊고 붉은 심장을 열고
거기 피어올랐습니다

붉게 세상을 덮고 흐르는
용솟음치는 고요한 외침
여기 있었노라고.

한낮의 보름달

동천이 환해졌지만
아쉬움에
떠나지 못해

동그마니
그 자리

굳어 버린 듯
희미해집니다.

호반의 아침

밤새워 도란거리던
산새들도 잠들고

몽환의 전설은
깊은 얘기로 끓어오른다

투명한 심장의 호흡은
물방울 되어 피어오르고

물 위를 차고 오르는
제비의 유형은 파문을 남기고

자욱하게 피어나는 호반의
물구름 속으로 새 아침이 열린다.

단풍

가슴 헤치고
사무치는 하얀 그리움은
기나긴 한 밤을 새우고
그믐달 눈가의 진홍은 대지를 물들여 버렸다

이슬 따라 묻어 내린
달아 오른 심장은
초록의 화폭을 붉게 박동하며
아린 바람 맞아 가을의 아침을 맞는다

물들어 버린 그대의 이름으로
가만히 내려앉은 낙엽의 부스럭거림이
골짜기에 메아리 되어 퍼지고
부끄럼에 가을이 멎어 버렸다.

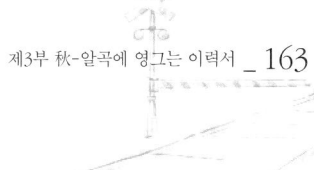
ⓒ 이동식

깨 밭에 부는 바람

가을바람을 타고
다가온 계절의 시계는
한들한들
깨꽃에게 어깨춤을 추게 합니다

목이 말라 주저앉았던
대지의 지친 얼굴을 어루만지며
뒷문 열어 꺼내어 든 사랑
시원스러운 바람으로 불어옵니다

순백의 초롱에 고이 간직한 순정
초록의 사랑을 위한
가녀린 몸부림은
깊은 진액의 향기를 품었습니다

일편단심
곧게 오른 대 하나를 세워
임을 향한 등을 밝히고

온 몸 으깨어 드릴
마지막 사랑을 준비합니다.

길에게 가을이 안기다

끓어오르는 호반
자욱한 연무는
끓던 오욕을 식히고
물 속 솟구쳐 오르는
햇살을 피해 갈대 밑으로 흐른다

산들 바람에 춤을 추는
코스모스 따라
가을을 사열하듯
오늘도 산행을 떠난다

푸른 잎에 숨어
남 몰래 키워 낸 대봉시는
치자빛 염색한 옷으로
더 높아진 하늘에 얼굴을 내민다

행군 하듯 씩씩한
어르신이 지나 간 자리

뭉게구름 하얀 이야기보따리 열리고
손잡은 부부의 그림자 위엔
꽃향기가 풍겨 나온다

뒤로 빼는 발 채근하여
산길 향할 때
하얀 뭉게구름
어머니 솜털 품에 하루가 안긴다.

가실 하던 날

토실하게 살진 메뚜기 떼
부지런한 농부의
인기척에 하늘로 오르고

눈두렁 모퉁이
삽 뒤집어 숫돌을 세운
아버지는 한 보따리 낫을 갈아세운다

잠에 취해 뗀 발걸음
멀리 보이는 아버지는
논 모퉁이를 환히 베고 계시고

어설프게 동원된
어린 농부의 코스모스 길가에
가을 하늘이 웃는다.

가을 아침

마중 나간
보랏빛 마음
새벽비를 맞는다

살 오른
벼 이삭에
보석이 열리고

스며든
상쾌함에
가을이 젖었다.

빈자리

가을이
저만치
떠나갑니다.

말없이
다가왔던 그날의
무심함처럼

덩그러니
남겨진 나목에
잎새 한장 남겨놓고서...

깊은 맛! 가을을 준비합시다

매어놓은 실줄 따라 처마를 타고 올라가던 여린 줄기에 둥글게 매달린 녹색 조롱박이 지난 밤 서늘한 기운을 만나 깨어나 언저리 따라 노랑색로 물들었습니다. 무섭던 폭염에 지쳐 간절히 기다려지던 가을이 하룻밤 고개를 넘더니만 페이지를 넘기듯 새로운 계절로 어느덧 성큼 찾아와 버렸습니다. 부지런한 농부의 마당에는 매운 향기를 풍기며 말라가는 투명한 고추는 높아져 가는 하늘아래 보석처럼 빛을 냅니다.

가을은 설렘과 풍요로움 입니다. 황금빛 옷을 꺼내 이미 선반에 올려놓은 배가 찬 이삭은 고개를 숙이고 가을의 행차를 준비합니다.

우리는 지난여름 가뭄으로 인해 한없이 하늘을 바라보며 생명

같은 비를 기다렸습니다. 목이 말라 타들어가는 대지와 고사해가는 농작물이 애처로워 차마 바라보지 못한 농심은 하늘의 문을 열어 달라고 기원하며 비를 기다렸습니다. 그러던 어느 날 갑자기 먼지 날리는 논과 밭에, 거북이 등처럼 갈라진 저수지 바닥에 폭포수같은 비가 내리며 가을이 되었습니다.

　기다림은 언제나 또 새로운 소망을 품게 하며 내일의 기다림을 만들어 줍니다. 시인 롱펠로우는 "이 세상 모든 일들은 끈기 있게 기다리는 자에게 찾아온다."고 했습니다. 기다림은 쉬운 일이 분명 아닙니다. 그것은 아무나 할 수 없는 어려운 일입니다. 그러나 어떤 환경에서든지 "어떻게 참고 인내하며 기다려야 하는지 그리고 그 결과를 아는 사람은 그의 삶의 적절한 순간에 그 기다림이 주는 달콤함을 기억하며 열매를 얻는다"고 노만 빈센트 필은 말하기도 했습니다. 즉 가을의 풍요와 열매를 기다리는 사람은 그만한 준비를 갖추기를 바라는 것입니다.

　여름 방학을 마치고 무거운 발걸음으로 학교에 등교하면 선생님께서는 곧 있을 가을 운동회와 소풍 계획을 알려 줍니다. 소풍과 운동회를 기다리는 설렘이 있으므로 답답함과 지루함, 피곤함을 끈기 있게 이겨 나가게 하고 도리어 적극적으로 발걸음을 재촉했던 힘이 기억납니다.

　가을로 접어드는 길목의 여름의 뜨거운 열기는 더욱 강렬하게 대지를 달구고 있습니다. 아직 단맛을 준비하지 못한 열매를 향한 응원과 열정이 담긴 사랑 같기도 합니다. 결실을 준비하는 농부에게 작열하는 태양의 일조량은 모든 과실과 곡식들을 더욱 성숙하게하고 광채나는 외모와 달콤한 맛을 영글게 합니다. 그러므로 가을의 풍요로움은 무덥던 여름을 인내한 성숙의 결실입니다. 뜨거운 태양을 견디고, 버티고, 이기고, 참아 낸 승리의 기록입니다.

점점 열기가 식어 가고 있습니다. 열매는 그 나무의 정체성을 나타내고 지난 삶의 흔적이며 결과물입니다. 곡식이 익을수록 고개를 숙이듯 성숙한 사람의 모습은 교만하지 않고 겸손한 모습입니다. 사람의 내면에는 그 사람이 지금까지 살아온 인생의 이력인 인격과 성품이 맛으로 담겨 있습니다. 각 사람에게는 그 사람의 됨됨이가 깃든 맛이 있습니다.

내 인생의 과원에 열리는 삶의 열매들이 기대에 어긋남이 없고 성숙하며 정체성이 분명한 진실하고 깊은 맛이 되기를 기대 합니다. 톨스토이는 "모든 사람은 인류를 변화시킬 생각을 한다."했습니다. 그러나 먼저 자신을 변화시킬 단련과 성숙함의 준비가 절실합니다. 수채화보다 아름다운 자연과 파아란 하늘을 바라봅니다. 정겨운 풀벌레 소리와 산 새소리 들려옵니다. 눈부신 가을햇살 아래 물결처럼 출렁이며 영글어 가는 들녘과 과원에 풍성함이 가득합니다.

농부의 마음으로 더욱 곱고 아름다운 빛을 더해 얼굴에 가득한 행복으로 가을의 깊은 맛을 준비합시다.

시상대(施賞臺)의 감격을 생각하며

잠깐 한 눈 파는 사이 바꿔진 연극무대처럼 산야의 배경이 가을을 품고 화려하게 펼쳐졌습니다.

뭉게구름을 안은 파아란 하늘에 그려진 억새의 하얀 솜털 실루엣은 산들바람의 살랑거림에 흥겨워 춤을 추고 있습니다. 녹색으로 가득했던 들녘에 열기를 품은 공기는 황금물결 위로 쌀쌀함을 일으키며 여기 저기 머리를 깎은 듯 수확이 한창입니다.

지난 봄 무서리 속에서 농군은 땅을 일궈 희망의 씨앗을 심었습니다. 시샘하듯 농군을 놀라게 했던 주먹만한 우박의 아픔도 오랜 가뭄으로 애간장 태우던 새까만 기억도 언제 그랬냐는 듯 가득 알곡으로 덮여있습니다. 순수한 농부의 맑은 미소는 이미 들녘의 풍요로움과 과원의 결실로 위로를 받는 계절의 주인공이 되었습니다. 이는 인내하며 성실하게 달려온 경주자에게 내리는 상과 같습니다.

우리의 인생은 살얼음을 건너는 당나귀처럼 언제나 안절부절, 노심초사하면서 걸어갑니다.

그러나 열매 앞에 선 농부에게 땀과 눈물의 삶에 보상을 받는 가을이란 계절은 자랑스러운 감동의 시간입니다. 우리 심중에는 의도하지 않아도 이미 인정받고 싶은 마음, 칭찬받으며 상을 추구하는 욕망을 품고 살아갑니다. 그래서 더 최선을 다하고 열심히 노력하고 바르게 살아 그 자리에 서려고 하는 것입니다.

상(賞)이란 그동안의 힘들고 어렵고 고통스러운 시간들을 자랑스럽게 바꾸어주는 매력을 가지고 있습니다.

비가 개이고 은빛 햇살에 하늘이 투명하게 더 높아집니다.

초등학교 가을 대운동회가 열리던 날 맑게 밝았던 아침처럼 오늘도 뭉게구름이 활짝 웃어줍니다. 가을이 되면 기다려진 학교의 가장 큰 행사가 운동회였습니다. 물론 그날은 모처럼 맛난 도시락도 먹는 날이며 부모님도 오시고 공부도 안하고 하루 노는 날이어서 좋았습니다. 만국기가 운동장 가득, 푸른 하늘에 나부끼고 바닥은 하얀 석회로 선을 가지런히 그려져 있었습니다. 산에 메아리쳐 확성기로 들려오던 '라데스키 행진곡'에 맞춰 힘차게 학교로 달려갔습니다.

몇 달 동안 연습한 율동과 멋진 체조도 보여드리고 부모님들의 박수를 받습니다. 달리기도 하고 여러 순서에 참여해서 공책과

연필도 상으로 받았습니다. 그날 받은 붉은색 스템프 도장으로 상[賞]자가 찍힌 자랑스러운 공책은 아끼느라 가방에 넣고만 다니지 쉽게 사용하지 못했습니다. 운동회의 대미(大尾)는 마을 대항 릴레이였습니다. 여기서 우승하면 다음운동회까지 마을의 자부심이 되기도 했습니다.

  세계적인 노벨상도 올림픽의 금메달도 회사나 학교에서 받은 모든 상들은 열심히 최선을 다하게 하는 동기를 부여합니다. 또 행복함을 품어내는 향기와 같아서 오랫동안 가슴을 뛰게 하는 것입니다. 더욱 높아진 하늘아래 풍요로운 알곡과 열매를 가득 안고서 삶의 시상대에 올라서서, 여기까지 달려온 우리를 향한 칭찬과 격려를 받으며 수상자의 행복함을 누려봅니다.

늦게 피어난 꽃에게 박수를 보내며

　산 준령을 넘어선 하얀 억새물결이 산 아래로 가을을 실어 나르고, 아쉽게 떠나야만 하는 자연의 섭리 때문에 아기 단풍의 여린 잎새에는 슬픈 이슬이 맺혔습니다. 쌀쌀해져가는 밤의 기온을 타고 헤어짐의 아쉬움으로 붉어진 단풍은 온 세상을 꽃밭처럼 물들여 놓았습니다. 나뭇잎사이로 파고 들어와 비쳐오는 아침 햇살의 빛줄기는 온 산에 색동의 불을 켜 놓은 듯 화려한 등꽃잔치를 벌이고 있습니다.

　가을이 깊어 갑니다. 흐르는 계절의 시간은 겨울을 향해 달려가고 있습니다. 불과 며칠 전까지만 해도 더워서 불편하다 아우성쳤는데 이제 쌀쌀해진 날씨 앞에 겨울을 준비하는 우리의 모습이 조급해지고 있습니다. 자연의 순리는 참으로 오묘합니다. 그래서 자연 앞에 인간은 겸손해지고 그 앞에 엄청난 가르침을 받아 배우는 것입니다.

몇 년 전 중요한 가정일이 있어서 친척들이 모여 함께 지낸 적이 있습니다. 모임 중 어르신 한분이 그 바쁜 일정 속에 걷기를 하시고 돌아왔습니다. 그때부터 도전을 받고 건강을 위해 걷기를 시작해서 벌써 몇 년째 걷기운동을 하게 되었습니다.

지난여름 온 나라가 가뭄으로 모내기가 어려웠던 고통 받았던 계절이 끝나가던 때 같이 운동하시는 분이 산책길 길가에 몇 그루 꽃모종을 심어 놓았습니다. 그 작은 시작은 가뭄을 이기고 희망을 심는 것 같은 도전이었습니다. 그 일로 인해 그 길을 걷던 사람들은 한마음이 되어 산책길을 가꾸기로 하였고 코스모스와 백일홍 등 종자를 구해 길가로 심었습니다. 드디어 추석이 가까워 오던 날 왕복 10킬로 정도 되는 이 길은 그야말로 꽃물결로 뒤덮였습니다. 지역 신문에 명품 꽃길에 꽃이 만발 했다고. 보도가 되었습니다. 고향을 찾은 사람들은 시골 정취를 맛보기 위해 가족들을 동반하여 그길로 모여 들었습니다. 휴대폰을 꺼내 사진도 찍으면서 어린 시절의 추억에 모두 행복했습니다.

가을걷이가 다 끝나는 깊어가는 계절, 아쉬움 속에 그래도 오래가는 편인 코스모스꽃이 한잎 두잎 모두 시들어갔습니다. 꽃길에 꽃들이 지면서 가을빛으로 짙어져 갈 때 그제서야 꽃을 피워내는 구간이 나타나기 시작했습니다. 이 구간은 산책길 안에 몇 군데 설치되어있는 가로등이 있는 주변입니다. 이유는 식물도 잠을 자야 하는데 밤에 비취는 불빛으로 잠을 못 잔 식물이 늦게야 개화를 하는 현상입니다. 그 때 남들처럼 피어나지 못해 낙오자 같았고 무시당하던 그 줄기가 늦게야 아름답게 피어난 것입니다. 일등들이 다 떠난 꽃밭의 마지막 피날레(finale)를 장식하는 주인공이 된 것입니다. 붉은 단풍이 바람에 흩날리며 낙엽이 쓸쓸하게 내리는 아침, 어려운 환경 속에 묵묵히 끝까지 자기 사명을 감당하는 자연의 섭리 앞에 경외의 박수를 보냅니다.

길 위에서 만난 소풍 같은 인생

　수줍어 붉게 상기된 볼을 애써 감추는 어설픈 처녀의 몸짓인 양 하늘을 붉게 물들이며 초가을의 일출이 시작됩니다.
　늘 새로운 것에 낯선 아침, 지난 밤 바닷가에 말없이 다녀간 사람의 발자국을 궁금해 하며, 먼 바다 어디론가 떠나가 버린 여름의 마지막 자락도 미련 없이 보내 주어야 할 것만 같습니다.
　쳇바퀴 도는 다람쥐처럼 분주히 앞만 보고 달려온 일상에서 용기를 내어 하룻밤 안면도에서 가족들과 일탈의 시간을 보냈습니다. 캔버스 안에서 다 채우지 못하고 밖으로 이어지는 그림처럼 나의 캔버스 밖의 그림을 만나기 위함이었습니다. 서해안의 조용한 펜션에서 맞이하는 아침은 신성한 기도입니다. 하나라도 더 움켜쥐기 위해 온 힘을 다했던 욕망이 배인 마음의 긴장이 풀어

지면서 버림을 배웁니다. 온 바다를 채우고도 남을 듯 가득했던 지난 밤 바닷물은 텅 빈 백사장을 드러내며 가난해집니다. 잠시 나그네의 마음에 넉넉함으로 찾아와 행복한 향기를 남기고 밀물 또한 나그네처럼 떠나버렸습니다.

흐르는 물결 위로 여름이란 계절도 미끄러지듯 흘러갑니다. 의미 없이 지나간 줄 알았던 물결이 바윗돌을 부서뜨리고 자갈을 잘게 쪼개어 백사장의 하얀 모래알로 말없이 흔적을 남겨 놓았습니다. 지나쳐 가는 지금 이 자리에 내 발밑에 남겨질 흔적에 책임감이 느껴지며 발끝에 힘이 모아 집니다. 어리석은 생각은 늘 오늘이 영원할거라는 착각 속에서 살아갑니다. 그러나 그토록 지루하다고 생각되던 순간도 어느 덧 지나가 버리고 그리움이 사무칩니다.

해변의 고둥들이 지나간 흔적처럼 공평한 절대자께서 주신 시간과 생명은 같은 선물이지만 각각 만들어 남기는 작품은 다른 모습의 열매로 나타납니다.

숙소 가까이에 초라한 단칸집이 하나 있습니다. 이 시대의 불행한 시인이었던 천상병 시인의 생가를 만들어 보존 했다기에 기대하고 찾아간 발걸음이 실망감으로 가득합니다. 두 평 남짓한 단칸의 낡은 스레트지붕, 잡초가 무성한 마당에는 덩그러니 깨진 옹기항아리 몇 개뿐. 그의 삶처럼 남긴 거라곤 아무것도 없습니다. 다만 내 머리 속에서「귀천」이라는 그의 시가 맴돌 뿐입니다. 사진에라도 담아 그분의 감성을 공유해 보고자 이리저리 앵글을 잡아 보지만 빛바랜 실상은 도리어 나를 부끄럽게 합니다. "나 하늘로 돌아가리라/ 새벽빛 와 닿으면 스러지는 이슬 더불어 손에 손을 잡고/ 나 하늘로 돌아가리라/ 노을빛 함께 단 둘이서 기슭에서 놀다가 구름 손짓하면은/ 나 하늘로 돌아가리라/ 아름다운 이 세상 소풍 끝내는 날/ 가서 아름다웠더라고 말하리라"(「귀천(歸天)」, 천상병). 조용히 다가왔다가 떠나간 한 시인의 자서전 같은 시 한 줄에 나의 오늘, 내 자신의 삶이 투영됩니다. 우리는 오늘도 어색한 길 위를 걸어가는 소풍 나온 삶이 아닐지?

우리는 바다가 내려다보이는 소박한 방에 여장을 풀었습니다. 잠시 하룻밤만 머무는데 무슨 짐이 이렇게 많은지. 차에서 몇 번씩이나 옮겨 놓고서야 준비가 끝났습니다. 동네이웃처럼 편안한 얼굴의 주인 내외분은 마치 친척집에 다니러 온 듯 편안하게 해 주셨습니다. 거실 창문 밖으로 바다가 펼쳐져 보입니다. 아름다운 정원과 잔디밭이 마치 에덴의 동산과 같은 바다 앞에서 꿈처럼 행복한 하룻밤의 평화를 누렸습니다.

시간이 흐르고 아침 창가에 찾아온 일출은 우리로 이곳을 떠나는 준비를 시작하게 하였습니다. 아무런 기약없이 기다란 바닷길도, 바위돌 사이로 오르던 운치 있던 계단도, 창밖으로 바다가 잡힐 듯 아름다운 거실도 미련 없이 뒤로하고 떠날 채비로 분주했습니다. 다정스러운 주인 내외와 손을 흔들며 아쉬움을 뒤로 하고 떠나오면서 천상병 시인의 "인생이란 소풍 같다"는 표현에 공감하였습니다.

천수만 철새 도래지 앞을 지나옵니다. 철새들의 화려한 군무로 가득하던 하늘은 텅 비어 있습니다. 소풍을 나온 길 위에서 잠시 지나온 인생을 뒤돌아봅니다. 무거운 짐일랑 모두 버리고, 마음도 비우고, 철새처럼 겨울나무처럼 제 삶을 살고 싶습니다. 그래서 소풍이 끝나는 날 "참 아름다웠다"고 말할 수 있는 그런 하루를 살고 싶어집니다.

함께 있어 아름다운 세상

살랑 살랑 불어오는 바람이 익어가는 벼를 기분 좋게 물결치게 만듭니다. 다가오는 계절의 시간표를 따라 산야가 황금빛 색채를 드러내며 제법 가을행세를 하려는 모양입니다. 가을은 아름다운 계절이란 수식어를 언제나 동반합니다. 한 없이 높아진 하늘엔 구름이 둥실 떠 있어 그 구름 솜털마다 시시각각 하늘빛을 품었다가 노을로 물들여 갈 때는 마치 불타는 거대한 캠퍼스 같습니다.

어둠이 찾아오고 만상이 자취를 숨길 때 하얗게 떠오르는 초승달은 거기 하늘이 있었음을 알립니다. 하나님의 아름다운 창조의 세계에 지구와 우주 안의 천체는 신비로운 조화를 가집니다. 수많은 행성 중 지구는 달이라는 위성을 가지고 있습니다. 그리고 지구와 달은 서로 끌어당기며 붙드는 인력(引力)과 너무 붙지 않고 적절한 거리를 유지하게 서로 밀어 내는 척력(斥力)을 가지고 상호존재 합니다. 이로 인해 우리 환경 속에 밀물과 썰물이 만들어 집니다.

지구는 23.5도 기울어진 자전축을 중심으로 자전을 합니다. 그때도 지구 주위를 돌면서 이 기울기에 안전성을 부여 해주는 것이 바로 달입니다. 우주의 조화는 참으로 오묘합니다. 은하수 하늘 길 따라 날으는 기러기 떼는 깊은 이야기를 품은 그림이 됩니다.

가을 하늘은 이 세상 어느 화가도, 조각가도, 설치 미술가도 선점 할 수 없는 최고의 화점을 찾아 표현 된 아름다움의 극치입니다. 또한 여기에 귀뚜라미 노래라도 더해진다면 그야 말도 꿈길을 걷는 몽환을 느끼게 만듭니다. 기러기도, 달도, 하늘도, 구름도, 산도, 들판도, 과실도, 각기 아름답지만 스스로는 채워 내지 못할 그 아름다움이 같이 있음으로, 함께 함으로, 이루어지는 조화의 능력입니다. 음악가들은 높은 음과 낮은 음, 긴 음과 짧은 음으로 아름답게 배열합니다. 연주가들은 각종 악기의 음색을 섞어 위대한 음악을 만들어 냅니다. 미술가들은 수많은 색채의 조화를 통해 그리고 재질의 단단함과 부드러움, 직선과 곡선, 각과 원형 등 모든 것을 적절하게 배열함으로 위대한 하나의 걸작을 완성시킵니다.

조화(調和. harmony)라는 뜻은 서로 서로를 살려주는 역할을 합니다. 영광스러운 자리 좋은 자리에는 늘 함께 하고픈 사람이 떠오릅니다. 마치 같이 있으면 좋을 것인데 없어서 황량한 것처럼 폭포에 물이 마르면 절벽이 되듯이 그러나 그 절벽에 물이 흐르면 아름다운 경치로 바뀌듯이 오늘 우리 인생에 진정 함께 한 소중한 보물들을 감사해야 합니다. 느림보 거북이가 물을 만나면 바닷물 속의 어떤 물고기보다 빠르게 멋지게 움직입니다. 오늘 여기 내게 주신 환경과 소중한 사람들, 그리고 빛나게 하신 삶을 감사하며 찬란히 빛나는 오늘을 축하합니다.

가을 나그네

　높아진 하늘가로 웃음을 머금은 새털구름은 슬그머니 잎새를 간지럽히며 얼굴을 붉게 물들입니다. 원색으로 채색되어가는 대지 위로는 이슬처럼 투명한 가을이 내려옵니다. 물방울 되어 잎새에 흐르는 여름의 남은 눈물은 작은 바람에 반짝거리며 흔들립니다. 뜨겁게 데워졌던 대지는 어느새 열기를 잃었고 찬 기운에 놀라 낙엽을 모아 이불처럼 덮으려 합니다.

　활처럼 휘어진 가지에는 계절이 남기고 간 열매가 훈장처럼 익어갑니다. 사람은 늘 지나간 추억을 먹고 삽니다. 오늘은 과거의 흔적이며 결과입니다.

　역사를 연구하는 고고학자들은 깊은 땅 속에서 지나간 사람들이 남기고 떠난 유물과 흔적을 찾아냅니다. 나이테를 보면 그 나무의 나이를 알게 됩니다. 또한 식물학자들은 그 나이테의 간격과 목질강도를 통해 지나온 기간 동안 혹한과 가뭄 등 환경과 기후의 상태까지 알아낼 수가 있다고 합니다. 아름다운 나이테 속에는 세월과 사건을 몸으로 남긴 아름다운 싸인 입니다. 우리의 행복함 뒤에는 굵게 마디진 어머니의 거칠어진 손이 겹쳐 있음 같이 가을의 풍요와 낙엽은 지난날의 거룩한 흔적입니다.

이미 가까이 집 앞까지 도착한 가을이란 손님 앞에 깜짝 놀라 이제야 정신을 차렸습니다. 영접하지 못한 미안한 마음으로 가을을 만나려 뒷산에 올랐습니다. 넥타이를 매고 구두를 신은 채 어색하게 숨을 몰아쉬며 준비 없이 오르는 거친 산길에는 벌써 가을은 잔치 준비를 끝내 놓았습니다. 가을로 가는 산길에서 땀에 젖어 내려오는 등산객들의 어깨가 저물어가는 오후햇살에 쓸쓸히 느껴집니다. 정상만 바라보며 오르는 거친 숨소리가 어느 새 지친 어깨로 정복했던 모든 것을 미련 없이 포기하고 내려오는 허전함으로 바뀌어 있습니다.

우리가 선 현장은 그 길을 떠나는 사람들과 그 곳에 찾아오는 사람들이 늘 교차 하여 지나갑니다. 어색한 차림의 산길에서 낙엽과 열매에서 떠나는 자의 버림과 이룸의 거룩한 모습을 배우게 되는 등반이었습니다. 세상은 우리 인생에게 쉼 없이 말하는 듯합니다. 가을의 교차로에는 지금도 의미 있는 교행이 진행되고 있습니다. 어느 종합 병원의 모습처럼 새 생명의 탄생으로 행복한 웃음소리가 가득한 산실(産室)이 있다면 한편에는 사랑하는 사람이 떠나가고 그를 보내는 슬픈 눈물의 장례식장이 한 지붕 병원아래 가까이 있다는 가르침입니다.

푸른 창공을 향해 두 날개 활짝 펴고 비상하는 힘찬 아침이 있었지만 둥지에 돌아와 지친 날개를 접고 휴식하며 깃털을 고르는 저녁도 있습니다.

참새부리처럼 신비하게 뾰쪽 내밀고 일어나던 새싹의 부드럽고 연약한 신록이 있었다면 어느 새 낙엽이 되어 떠날 채비를 갖춘 색동으로 옷을 입은 단풍이 있습니다. 가을은 엄숙한 예식장입니다 마치 입구와 출구를 한 곳에 만든 주차장처럼 보내고 맞이하는 소중한 교차로에서 아직도 열기가 남아있는 계절의 손을 놓아줍니다.

가을 산으로 오르는 길가엔 성급한 낙엽이 서두르며 떨어져 날립니다. 벌레 먹고 찢겨진 상처받은 낙엽이 거룩한 투사처럼 엄숙하게 느껴집니다. 휘어진 가지의 등에 열린 무거운 여름을 내려놓고 자유를 누립니다. 서녘 하늘의 붉고 노란 노을을 배경으로 억새가 사선지어 기대인 식은 나무벤치에 앉아 봅니다. 그리고 아쉬움에 곧 떠나보내야 할 계절에 가까이 볼을 내밀어봅니다.

어디를 향하여 사는 것일까?

 지난여름 뜨겁게 달구어진 구들장 같던 바위 사이에 층꽃이 보랏빛으로 가득 채워졌습니다.
 무더위에 말라서 마치 막대기처럼 말라버렸던 줄기의 생명줄을 타고 흙먼지 모아 터전을 삼고 뿌리를 내려 새벽마다 맺혀진 이슬을 모아 목을 축여가며 각고의 시간을 보낸 뒤 이제 보란 듯이 보랏빛 희망을 피워낸 것입니다. 산하로 펼쳐진 들녘은 숙련된 이발사의 정성들인 손길이 지나가는 듯 가지런하고 환하게 수확의 의식을 진행하는 듯하고 청잣빛 하늘 끝자락까지 내려온 솜털구름은 은빛 억새를 어루만지며 어색한 군무를 즐기고 있습니다.
 산 아래 온 세상은 가을로 깊어져 가고 있습니다. 모처럼 올라

선 산정에서 보는 세상은 산 아래에서 보는 세상과는 동일한 곳이지만 느낌은 사뭇 다름을 알게 되었습니다. 이론적으로 아는 것은 아마도 동일하겠지만 마음으로 느끼는 감동은 분명 큰 차이가 나는 것입니다.

이른바 사진작가들은 앵글이라 해서 보는 각도를 중요시합니다. 부부간에도 친구지간에도 서로 어느 위치에서 보느냐에 따라 이해심도 달라지고 깊은 그 마음도 읽어지게 되는 것입니다.

언젠가 고향 어르신이 들려주신 출처를 잘 모르는 동화 같은 이야기입니다. 햇살이 포근하게 내려오는 봄날 오후, 양지바른 마루한쪽에 집주인이 앉아 햇볕을 쪼이고 있습니다. 옆에서 졸던 고양이가 주인의 무릎 위로 올라와 앉았습니다. 사랑하는 주인은 그 고양이를 쓰다듬어 사랑을 표현 합니다. 그런데 그때마다 고양이는 인상을 쓰고 고통을 느낍니다. 주인이 미워집니다. 그 자리를 벗어나고 싶어집니다. 그런데 이유를 알고 보니, 고양이가 주인 쓰다듬는 방향반대로 앉아 있으므로 쓰다듬을 때마다 머리를 거꾸로 잡아 올리는 것 같이 당겨져서 아픈 것입니다. 해결 방법은 간단하고 한 가지입니다. 주인 손 방향을 따라 내가 돌아앉으면 행복해집니다. 우리 인생은 위치선정이 잘못 되었거나 방향설정이 잘못되어 관계가 소원 해지고 오해하고 힘들 때가 많습니다.

서울대학교에서 의과 대학장을 지낸 명의로 알려진 김성진박사의 에피소드입니다. 어느 날 그에게 유명한 화가 한 분이 환자로 그에게 찾아와 치료를 받았습니다. 그리고 수술도 잘 되었고 모든 경과도 좋아 너무도 고맙고 감사한 마음에 화가는 그림을 한 점 선물 했습니다. 그분의 그림은 많이 알려진 그림이었고 그 그림이 귀하고 대단한 가치도 있음을 알았기에 그 선물을 고마워 하며 가장 좋은 자리에 걸어두고 그림을 볼 때 마다 좋았습니다. 사실 이 그림은 좀 어려워서 깊은 뜻은 잘 이해하지 못하지만 볼 때마다 좋았답니다. 그러던 중 그 화가가 김박사님을 찾아와 자신이 선물한 그 그림을 보고 깜짝 놀랐다고 합니다. 그 그림을 거꾸로 걸어 두었기 때문입니다. 그래서 다시 돌려놓으니 더욱 멋지고 더 내용이 이해갔다는 이야기가 있습니다.

가을의 풍성함과 아름다움을 늘 보았던 동네가 아닌 산 위에 올라 바라보며 더욱 벅찬 감동과 행복했던 마음을 붙들고 다시 그 자리로 내려옵니다. 살아오면서 세상에 가려서 못보고 너무나 크므로 가까이서 다 보지 못했습니다. 내 그릇이 작아 다 담지 못하고 늘 불평하던 불행한 프레임에 갇혀 버린 것 같습니다.

깊어가는 가을, 서리가 내리고 단풍이 물들어가는 산 밑에 서서 행복한 노래를 더욱 목소리를 높여 불러 봅니다.

© 김미애

향기 나는 인생

 단풍이 물들어가는 정원 모퉁이에 하얀 눈처럼 은목서꽃이 활짝 피어 가득합니다. 귀가 길 마을 어귀를 돌아서면서부터 향기롭게 코끝에 와 닿은 향기의 정체가 바로 은목서였구나 하며 멀리까지 마중 나온 그 향기에 코를 대어 봅니다. 몇 그루되지 않은 나무가 온 동네를 꽃향기로 가득 채우고 가을의 쓸쓸함을 달래어 줍니다. 향기는 기분을 좋게 하며 나쁜 냄새를 없애주고 무언가를 끌어들이는 힘을 가지고 있습니다.
 '사월과 오월'이라는 대중가요 가수의 노래 중 이런 가사가 있습니다. "당신에게서 꽃내음이 나네요 잠자는 나를 깨우고 가네요" 그 꽃내음이 마음을 흔들어 놓음을 노래한 것입니다. 향기는 삶의 마음도 움직입니다. 그리고 우리 마음도 몸도 편안하게도

하고 설레이게도 하는 효과가 있습니다.

　최근 면역력 증강과 수면 등 스트레스해결을 위한 치료에 향기요법 등이 도입되어 사용되기도 합니다. 우리가 만나는 수많은 사람들마다 문화와 인종 그리고 식습관 등에는 여러 가지 풍기는 냄새가 있습니다. 사람의 표정과 사용하는 언어와 말투, 그리고 행동 속에도 배어있는 습성들이 그 사람의 인격적 체취가 됩니다. 그래서 냄새란 코로 느낄 수 있는 기운을 가리키지만 때로는 분위기와 인격을 나타내기도 합니다. 어떤 사람에게서 구두쇠처럼 짠내가 난다고 표현하기도 하고 혹자에게서는 삶에 지친 슬픈 냄새도 있습니다. 그러나 어떤 분에게는 힘들고 어두운 고난의 터널을 지나오고 있음에도 밝고 은은한 향기가 느껴지기도 합니다. 고향 큰집 할머니는 담배를 피우셨습니다. 그 당시 봉초라는 담배는 일반 궐련담배보다 저렴했습니다. 날 예뻐해주신 할머니를 떠올리면 할머니 얼굴보다 니코틴냄새가 떠오릅니다. 지금도 간혹 메주를 만들기 위해 콩을 삶는 냄새가 나면 고향집 생각이 나고 맛난 청국장 냄새는 눈 온 겨울 끓여주시던 어머니의 사랑이 생각나기도 합니다.

　요즘은 이 향기를 상업적으로 사용하기도 합니다. 일본 어느 항공사는 모든 비행기에 삼나무향을 뿌려 승객들이 깨끗한 숲 속에서 삼림욕을 하는 듯 편안함을 느끼게 하는 기업 마케팅에도 활용합니다. 마트에서 카레를 끓이는 냄새를 풍겨주면 그날 야채매출이 급격히 많아진다고 합니다.

향나무는 자기 몸에 찍히는 도끼에게 향을 묻혀준다고 합니다. 낮에 베어진 풀은 은은히 풀내음을 나누어주고 백합화는 찢기고 발에 밟혀도 그 향기를 진하게 풍겨준다고 합니다.

우리는 향기 나는 인생이어야 합니다. 독일의 사회심리학자인 에릭프롬은 참된 사랑을 말하면서 사랑이란 사람의 영혼에 전하는 향기라고 했습니다.

밤나무 가지 끝에서 나눔을 보다

　산길을 돌아 산책길 자락에 우뚝 애기 밤나무 한 그루 살고 있습니다. 언제나 그곳은 반환점이 되어 주었기에 도착하면 반갑기도 하고 혼잣말도 인사를 나누던 나무입니다. 찬바람이 불면서 가지마다 짙은 고동빛을 띤 토실한 밤이 열렸습니다. 인기 없는 쥐 밤인지라 일부러 누가 주워 가지는 않지만 그 조그만 밤알은 행인들의 마음을 즐겁게 해주는 선물입니다. 가을이 깊어 갑니다. 가지 위에 밤마저 다 떨어져 반환점의 기념품이 사라져 갑니다. 혹시라도 내일은 안 올까봐 기다리겠는 다짐이라도 받으려는지, 오늘 아침에도 마지막 몇 톨을 내어주면서 우정을 확인받습니다. 밤 때문이 아니라 나를 위한 산책길에 기다려주는 선물이 어디 밤톨뿐이겠는가? 여기 저기 매달아 나를 응원하는 가을의 선물들이 온 산야에 가득합니다.

　세계적으로 유명한 셀 실버스타인의 그림 동화 "아낌없이 주는 나무"(The Giving Tree)는 '한 소년의 삶 속에 등장한 사과나무 이야기입니다. 그 소년이 어린 때는 놀이터가 되어주었고 어른이 되어 가며 돈이 필요 할 때는 열매를 팔아 쓰도록 했으며 집이 필요할 때는 가지를 주어 집을 짓도록 하였습니다. 먼 곳으로 떠나는 배를 만들어주기 위해 몸통 줄기까지 베어줍니다. 오랜 시간이 흘러가고 노인이 되어 찾아온 그에게 나무는 자기의 그루터기에 앉아 쉼을 얻으라고 끝까지 배려를 아끼지 않습니다. 그러면서 나무는 행복해 합니다.'

　나무를 일컬어 스스로를 위해 살지 않는다고 합니다. 나무가 자라는 땅은 그 나무로 인해 땅이 보존되고 생명의 터전이 됩니다. 그 곳에는 새들이 깃들고 시내가 흐르게 만들어 모든 생물체가 거기에 둥지와 집을 만들어 살고 꽃으로 향기로 벌과 나비에게 기쁨을 주며 만물이 살 수 있는 환경을 만들어 줍니다. 전쟁으로 온 산이 황폐하고 땔감을 얻기 위해 산림이 훼손 되므로 척박해진 산에 나무를 심자는 식목 행사는 중요한 국가 시책이었습니다. 유치환 시인이 짓고 김대현님이 곡을 쓴 「메아리」라는 노래는 민족의 황량하여진 삶 속에 희망의 나무를 심자는 캠페인 같았습니다. "산에 산에 산에는 산에 사는 메아리. 언제나 찾아가서 외쳐 부르면 반가이 대답하는 산에 사는 메아리. 벌거벗은 붉은 산에 살 수 없어 갔다오…중략… 메아리가 살게 시리 나무를 심자."

(유치환의 「메아리」 중에서)

  나무가 없는 산은 절망이요 메마른 인생과 같습니다. 나무가 없어 벌거벗은 붉은 산에 나무를 심자'는 캠페인입니다. 나무가 없는 것 같은 마음은 메아리가 울리지 못합니다.

  인생사도 받은 사랑을 다시 울려 퍼져 내보내야 하건만 자기만 차지하고 나누거나 베풀지 않는 삭막한 붉은 세상을 만들어 갑니다. 나의 표정, 나의 마음 씀씀이, 나의 말 한마디, 나의 손길 하나하나가 바로 메아리가 되어 주변을 살리고 행복한 사랑이 넘치는 아름다운 환경을 만들어주는 요소가 될 것입니다.

  요즘은 너무나 이기주의로 변해, 학교에서도 선한 나눔이나 선을 행하자가 아니라 어떻게 남에게 피해를 안줄까를 가르친다는 것입니다. 품앗이와 두레 같은 나눔과 협력은 더불어 사는 세상을 만들어 줍니다.

  돌아가신 어머니가 집 뒤 산밭 모퉁이에 단감나무와 홍시나무 몇 그루 심어 두셨습니다. 어머니의 나무는 지금도 선물을 맺어 이웃들에게 나누고 있습니다. 멀어져 가는 쓸쓸하고 앙상한 밤나무를 바라보면서 아낌없이 주는 나무 같았던 어머니의 미소 띤 모습이 떠오릅니다.

붉어진 단풍 위로 가을비가 내립니다

 찬비를 몰고 온 석양의 가을은 방심한 마음을 긴장시키며 대문 앞까지 찾아와 꽁꽁 얼려 놓았습니다. 찬바람에 흔들리며 갑자기 찾아 온 냉기에 놀라 뜰 앞으로 달려갑니다. 지난 여름날의 식탁이 되어준 꽃 화분과 아직도 가득 열려있는 고추화분들을 따뜻한 실내로 이사시키느라 온 몸이 젖어 버렸습니다. 당연히 올 줄로 알고 있었고 예상된 일이지만 벌써 성큼 다가온 계절의 인사 앞에 아무 준비도 못한 채 만추를 맞아 버린 것입니다.
 자연 만물은 정해진 시간표에 맞게 자기들의 계획 된 미래를 철저히 준비하며 사는 것 같습니다. 앞 다투어 피어나 화려하게 온 세상 밝히던 꽃들이 져버려 아쉬워했는데 꽃이 뽐냈던 그 자리에 어느 새 봉긋 탐스런 열매가 맺혀 '저 여기 있어요'하며 웃

어줍니다. 꽃이 떠나간 까닭은 열매를 이루려는 엄숙함이었습니다. 그러나 어리석은 인생은 욕망을 좇아 한눈만 팔다가 본질을 잃어버리고 방황합니다. 사람들은 자신의 존재를 드러내기 위해 명예를 추구하고 명함을 만들어 전달합니다. 그리고 그가 떠난 뒤 묘비문에 그가 삶으로 남긴 의미 있는 내용들을 적어 기억합니다.

1925년 노벨 문학상을 수상했던 영국의 극작가의 버나드 쇼의 비문은 지금도 우리들에게 많은 교훈을 남겨 줍니다. "우물쭈물 하다가 내 이럴 줄 알았지" 또 유명한 아펜젤러 선교사는 "나는 섬김을 받으러 온 것이 아니라 섬기러 왔습니다."라는 그가 평소에 가장 많이 사용한 말을 기록해 놓았습니다. 그가 남긴 말이나 흔적을 보면 그 사람이 추구한 삶의 내용을 미루어 살펴볼 수 있습니다.

독일의 시인 라이너 마리아 릴케는 마지막 순간을 보내는 의미 있는 기도와 기대를 「가을날」이란 시로 남겼습니다. "주여, 때가 되었습니다! (중략) 마지막 열매들을 영글게 하시고,/이틀만 더 남국의 따뜻한 날을 베푸시어./열매들을 온전히 무르익게 하시고/진한 포도주에 마지막 단맛이 스미게 해 주소서."

갑자기 몰아친 가을비와 찬바람이 붉어진 단풍가지를 흔들어 낙엽을 날려 보냅니다. 릴케의 시에 나도 답시를 보냅니다. "붉어진/가을 위로/밤새워 비가 내린다.//단풍 잎새 끝에는/붉은 물이 녹아 흐른다.//막 깨어난 눈동자에는/가을빛이 맺혔다.//떨리는 가슴도 따라/붉어진다.//가을비는 쓸쓸함이다."(「가을비」) 차분히 내리는 가을비가 가로등아래 단풍나무 아래로 붉은 물이 되어 떨어지고 있습니다.

 한 유명가수가 부른 '테스형!'이란 노래가 화제입니다. 이 테스형은 BC 470년에 "너 자신을 알라"라는 유명한 말을 남긴 아테네에서 살았던 소크라테스라는 유명한 철학자를 친근하게 부르는 것이랍니다. 그는 독배를 마시기 전 이런 말을 남겼습니다. "사는 것이 중요한 문제가 아니라, 진실하게, 아름답게, 보람 있게 바로 사는 것이 중요하다."

 붉은 단풍처럼 마지막 꺼지지 않은 열정을 남기고 싶습니다.

친구 같은 단풍을 만나다

입동의 도래를 선포하듯 겨울바람이 불어옵니다. 더 매서운 맛을 보여 주겠다, 벼르기라도 한 것일까? 모아둔 풍선을 터뜨리며 수줍던 붉은 단풍의 얼굴이 더욱 붉어져 버렸습니다.

계절이 바뀐 게 분명합니다. 소독 냄새가 덜 가신 두꺼운 외투가 어느 새 무게감이 없어지고 깃털처럼 포근해집니다. 신경을 쓰면서 세운 옷깃 틈으로 노출 된 여린 피부를 겨울이 자극합니다. 찾아오는 새로운 손님은 어느 덧 심장 깊은 곳에 아련함으로 채워집니다. 에어컨의 리모컨을 찾던 손길이 온풍기 스위치에 손을 대고 시원한 창가보다 아랫목으로 정감이 찾아 갑니다.

자꾸만 움츠려드는 마음에 활기를 찾으려 지인들과 자연을 만나러 나갔습니다. 계절에 가장 어울리는 축제 중 하나는 국화축제. 그래서인지 이제는 국화축제가 안 열리는 지역이 없을 정도로 여기저기 잔치가 벌어지고 있습니다. 한 송이의 크기가 사람 얼굴보다 큰 국화에서 안개초 같이 작은 국화. 넓은 잎부터 가늘고 얇은 잎, 자연의 조화와 창조주의 섭리는 너무나 오묘하고 신묘막측 합니다.

 어떤 국화는 한 그루에서 수 백송이 꽃을 피우고 각양 형상으로 만들어져 있습니다. 전시회의 대부분은 국화로 만들어진 작품들이었습니다. 정말 대단한 솜씨구나! 그 작품 밑에 사진과 함께 적혀있는 작가들을 보면서 작품에 매료되었습니다. 경의가 표해질 정도로 대단했습니다. 너무나 많은 국화를 한 번에 보고나니 좋다! 멋있다는 감각이 마비돼 가고 있던 차에 야외풀밭에서 우리는 더 아름다운 걸작을 만났습니다.

 길가 잡초 속에 스스로 자라 상태도 약하고 꽃도 겨우 몇 송이 가까스로 피워 올린 모습이었습니다. 우리는 친근함으로 다가가서 코를 갖다 대고 향기를 맡았습니다. 전시회장에 당당히 서질 못하고 멋진 화분에 담겨지지도 못한, 재능 있는 작가의 손길 한 번 받지 못한 버려진 국화였습니다. 그러나 이 이름 없는 국화를 피워내기 위해서는 더 위대한 많은 바람과 비와 하나님의 손길이 지나간 걸작품이라 여겨졌습니다.

 길가에 낙엽은 무겁게 날리고 있습니다. 한 구석으로 도망가던 진한 붉은 빛을 띤 낙엽을 따라가서 주워 들었습니다. 먼 길을 달려왔는지 사람들에게 밟혔는지 많은 부분이 찢겨져 있습니다. 이름 모를 벌레가 갉아먹어 만들어진 망사줄기도 보였습니다. 기념 삼아 수첩에 끼워 넣었습니다. 무리지어 구르는 저 단풍들은 우리 이웃들 같기도 하고 지난 계절을 달려오면서 상처 속에서도 자신의 붉은 빛을 포기하지 않았던 내 마음 같아 괜한 애착이 들었기 때문입니다.

　전시장에 서지 못했지만 향기가 짙었던 국화와 상상 속의 친구가 되어 나의 인생사를 나눴습니다. 언젠가 수첩 속의 상처 난 붉은빛 친구를 통해 오늘의 나를 만날 생각입니다. 햇살이 단풍사이로 붉게 비춰줍니다.

冬

군불같은 포근함의 자리로

4

그 찻집에 앉아

이름이
떠오르지 않습니다.

흙냄새 묻은
손을 붙잡고
맑은 심장 뛰었던 그 날

그 고개 넘어 모퉁이
난로 곁에 기다리던
붉게 물든 얼굴이 생각납니다

그 찻집의 아련한
목탄 냄새가 폐 깊숙이 가득해 지고
하얀 미소가 그리워집니다

지금은
잊어버린 그 찻집
그 날의 난로 옆에 바짝 앉아봅니다.

물안개

햇살이 반가운 초겨울 아침
언 몸 녹이는 대지 위해
가려진 빛길 비켜 주려고
호수로 내려 온 구름을 보았다

먼 길 날아 찾아 온
청둥오리 떼 포근하게 숨겨 주고
동터 오르는 햇살 보드란 솜털로 안아서
호반의 하루를 열어 놓았다

물 안개에 달려가 마음 안기어
두근거리는 새 아침
기대와 설레임을 진정 시키며
신비 속 다가오는 또 하루를 걷는다.

빈 의자

능선을 따라
흘러온 바람이
산길을 타고 불어옵니다

낙엽도 떠나고
길객들도 찾지 않는
덩그런 바위 밑 잡초 밭 위

지친 나그네의
쉼이 되었고
힘든 인생 반겨 안아 주던 당신

산새 한 마리
슬그머니 쉬어간 아침
햇살이 자리 잡고 쉬고 있습니다

언제라도 누구든지
거절하지 않고 맞아주는

당신은 넉넉한 마음입니다

오늘도
당신께서 기다립니다.

임 모실 준비

어둠 속에서
소리 죽여
살며시
비가 내리고 있습니다

눈이 되려
준비 하더니만
성급한 마음
비가 되어 달려왔습니다

뒤 곁 김장독 위에
내리는 비는
하얀 눈 계실 그 자리
정결하게 준비합니다

아픈 흔적도
슬픈 추억도 씻어내며
포근한 임의 품 그리워

밤 새워 지극 정성 찾아오옵니다

비가 내립니다
겨울님
모실 소중한 자리로
사랑이 되어 내려옵니다.

ⓒ 이동식

시샘

까마귀
시린 울음에
동이 터 오르고

기지개 편
붉은 쑥잎은
하얀 서리를 입었다

밤 새 안부를 물으며
호호 불며
일어서는 대지

시샘 난 햇살은
심술통 열어
하얀 옷 벗겨 맨 살을 꺼낸다

슬픈 겨울 아침
눈물 된 길섶엔
얼어버린 정적만이 머물러 선다.

그리움

하얀 동화 속
서산 뒤로 하루가 저물고
먹이 찾아 헤매던 멧비둘기
대숲 자리 찾아 돌아와 잠자리를 편다

동구 밖 비탈에
종일 통대타고 눈 지치던 막내는
젖은 옷에 얼어 붉은 얼굴 감추고
슬쩍 사립문 열고 종종 숨어 들어 온다

검정 가마 솥 열고
보리쌀 씻어 가지런히 담아
고구마 쪼개어 얹은 어머니의 기도는
아궁이 가득 군불로 채워져 간다

농게거품 눈물로 흐르던
부뚜막의 온기에 기대어 앉아
모락모락 옷 마르는 증기에
콧물 삼키는 아들은 연기 내음 밴 하루를 접는다.

눈이 오려나봅니다

밝아오던 동녘이
한나절이 지나도
불이 켜지지 못한 방처럼
어두움을 품어 캄캄합니다

예보에는
눈이 꽤 많이 내린다는 데
아마도 동네방네
눈을 다 찾아 모으고 있나봅니다

등불을 찾아
밤 새워 아침을 기다렸건만
아마도 오늘은
함박눈이 펑펑 오려나봅니다.

눈 온 날 아침

하얀 동화 속으로
깊은 골 아기 토끼의
꿈 속 이야기가
밤 새워 내려 쌓였습니다

시루 가루 덮어 쓴
감나무 가지에
까치가 불러 온 순백 햇살이
숨은 추억 꺼내 보석으로 빛납니다

하얀 도화지 꺼내
4B 연필 심지 돋우어
어린 시절 맑았던 동구 밖 겨울 이야기
추억의 화폭에 그려 봅니다.

© 이동식

얼음꽃

밤새
맑은 유리정원에
크리스탈 보석을 닮은
얼음꽃이 피었다

정교한
제도기로 그려놓은
육각의 꽃잎 끝으로
새 날 아침이 열린다

화려한 자태
콧대 세운 얼음공주님의
강렬한 포스가
시샘 난 햇살에 무너져 내린다

슬프게 시들어
눈물로 사라지는 짧은 생애는
다시 피어 날
화려한 밤을 꿈꾼다.

ⓒ 이동식

제4부 冬-군불같은 포근함의 자리로 _ 227

아침을 여는 기도

어둠 저 만치
하루를 밝힐 아침이
조용히 다가옴을 믿기에
저는
오늘도 새벽
희망의 등불을 켜고
일어났습니다

그리고 주 앞에
감사하며 엎드립니다

사랑하는 사람들의 얼굴이 떠오릅니다
내게 다가오는
선물을 기다리면서
설렘으로
주님을 바라봅니다.

오늘도

주님으로 인해
사랑스런 분들이
행복해지길 기도합니다.

ⓒ 이동식

서설(序雪)

아랫방 영감님
앓은 소리가
며칠 새 문 밖까지 들린다

늘 골망 골망 하던 터라
그러려니
무심하게 넘겨 지나쳤는데

된 소리
아침 기침은 하얀 울음이 되고
찬 공기 메아리는
골방 문 앞 토방까지 하얀 눈을 쌓았다

먼저 찾아 온
노인의 하얀 머리에
수북히 겨울이 쌓였다.

은은한 Curtain call을 기대하면서

 오 헨리의『마지막 잎새』의 아쉬움처럼 마지막 달력이 쓸쓸한 벽을 덩그러이 지키고 있습니다. 쌀쌀해진 공기를 가르며 가로수 길을 걸어 봅니다. 길 가의 가로수들에는 이미 앙상한 가지만 남아 있었습니다. 그런데 언덕 위의 한 나무는 신기하게도 잎사귀가 그대로 달려 있었습니다. "이 잎사귀들은 가지를 떠나기가 아쉬워 미련 때문에 머물러 있구나?" 나의 말을 들은 길 벗이 말을 합니다. "아닙니다. 이 나무는 낙엽을 떨어뜨릴 준비와 힘이 부족하여 즉 비료 성분과 떨켜를 만들지 못해 그대로랍니다. 낙엽이란 주로 활엽수 중에 잎자루와 잎몸사이에 이층(離層)이라는 특수한 세포층 즉 떨켜를 만들어 놓아 가을이 되면 낙엽이 된다고 합니다. 활엽수이면서도 낙엽이 되지 못한 경우는 양분이 부족하여 떨켜라는 기관을 만들지 못했거나 만들었다 해도 그 떨켜를 움직일 에너지가 부족하기 때문이라고 합니다.

한 해를 보내면서도 우리는 과거와 옛 감정에서 자유롭지 못하고 아직도 털어버리지 못한 짐들이 있습니다. 이는 우리 성품에 성숙한 떨켜와 성숙한 인격의 힘이 부족하기 때문이 아닐까 생각합니다. 사실 누군가 사랑하기보다 미워하고 용서와 섬김보다 꾸짖고 책망하는 것은 우리 마음에 떨켜를 만들거나 낙엽을 떨어뜨리는 힘이 적기 때문입니다.

우리교회 청년대학부가 여수 애양원을 방문하였습니다. 너무나 소중한 두 아들의 장례식장에서 아들을 죽인 원수를 앞에 두고 원망하기보다 도리어 열 가지의 감사를 드렸고 그를 양자로 삼았던 위대한 성자를 만났습니다. 그분의 넓고 큰마음은 나의 모습과 너무나 달라 나의 작은 가슴이 먹먹해져 고개가 숙여집니다. 그분은 평화를 이룬 참 예수님의 제자이셨습니다. 멋진 열매는 그만한 성숙한 넓고 큰 인격적 힘이 있어야 가능한 모양입니다. 남을 포용하려면 그 사람의 상처와 허물까지도, 심지어는 나를 찌르던 가시까지도 안아 줄 수 있는 넓은 마음이었습니다.

주먹끼리 마주하면 다투게 됩니다. 그러나 주먹을 보자기로 받으면 도리어 감싸주게 되고 보자기를 보자기로 맞이하면 따뜻하게 화해를 이룰 수 있습니다. 종착역으로 달려가는 기차의 레일소리의 카운트다운에 진리를 붙드려는 구도자는 초조해 집니다.

하나님은 우리에게 마치 연극을 마치고 무대를 떠나는 인생처럼 하루의 석양을 주시고 한 해의 끝자락을 주셨습니다.

인생을 연극에 비유하던 셰익스피어는 그의 작품에서 "온 세상은 무대이고 모든 여자와 남자는 배우일 뿐이다. 그들은 등장했다가 퇴장한다."고 했습니다. 사회학자 어빙 고프만은 우리의 삶의 역할을 '무대의 배역'이라고 말했습니다. 연극이 끝나면 커튼콜(curtain call)이란 것이 있습니다. 무대 뒤로 퇴장한 출연자를 관객들은 찬사와 환호의 표현으로 박수를 보내고 그들을 다시 무대로 불러냅니다. 출연자는 감사의 인사로 보답하거나 앙코르 곳으로 답례합니다. 커튼콜은 그 공연의 성공여부를 가늠하게 합니다.

석양이 아름다움으로 물들어가는 계절, 마지막 힘을 떨켜에 모아 낙엽으로 떠난 나뭇잎처럼 이제 우리의 연극이 끝나고 커튼이 내려지고 무대의 불이 꺼진 뒤 은은한 커튼콜의 주인공이고 싶습니다.

지나간 날에게 미래를 배워라

　겨울을 재촉하는 이슬비가 내린 아침, 이름 모를 산새가 인기척에 놀라 푸드덕 거리며 날아오르고 마치 준비나 한 듯 마지막 남은 낙엽들이 꽃가루처럼 쏟아져 내리는 숲 속에 겨울바람이 불어옵니다.
　가을이 슬그머니 떠나가며 미처 준비하지 못한 마음 안으로 성급한 겨울이 들어와 버렸습니다. 계절의 시계는 어김없이 다음 페이지를 넘기는 책장처럼 숱한 이야기를 준비하고 대기했다가 어느 새 그 안으로 나를 끌어들이고 있습니다. 떨어지는 낙엽을 그 길 위로 발을 내밀어 걸어가노라니 거기에 저물어 가는 인생을 배우게 됩니다. 마음을 열어 하늘에 떠가는 하얀 구름 속으로 향해봅니다. 그리고 흘러가는 강물이 되어 흘러서 동행하는 세월을 바라봅니다.

　지금 계절은 겨울역으로 향하고 있습니다. 가을은 축제의 계절인 듯 여기저기 축제들이 경쟁이나 하듯이 열리고 있습니다. 우리 호남지역은 예로부터 문인들과 명인들이 많이 배출되어서 예술에 능한 분들이 많은 지역으로 알려져 있습니다. 이름만 말해도 알듯한 유명한 국악인들과 한국 문단의 주축을 이룬 작가들을 많이 배출되었습니다. 마지막 낙엽을 바라보는 가을의 끝자락에 서남단 목포와 진도에서는 "국제수묵비엔날레"라는 큰 예술대전이 열렸습니다. 하얀 화선지에 검정색 먹물을 찍은 붓으로 써내려간 그림과 글씨 등 각종 작품들은 인생사를 그려놓은 대 서사시였습니다. 문화가 비슷한 중국과 일본, 그리고 대만과 우리나라 등 15개국 230여 명의 명인들이 출품한 전시회였습니다.

　이번 비엔날레의 주제는 "어제에 묻고 내일에 답하다"라는 주제였습니다. 주제가 마치 우리 인생의 터닝 포인트에서 새로운 세계로 비상하는 듯한 희망을 주는 의미가 있었습니다. 그동안 전통적으로 내려온 수많은 작품들과 그리고 여러가지 현대적인 아이디어와 제작 기법으로 표현된 작품들은 주제처럼 "어제의 역사를 물어 수묵의 지나온 길을 볼 수 있었으며 "내일에 답하다"는 더욱 발전적인 새로운 수묵의 실험 작품들을 보여준 전시회였습니다. 전통적으로 동양화는 여백과 채움의 중요한 조화로 품위 있는 작품들을 만듭니다.

　작품들을 살펴 보노라면 작품 속에 내가 주인공이 되어 여유를 느끼고 힘도 얻어지는 것입니다. 작품을 보며 내가 그 작가의 마음으로 그 그림들을 그려봅니다. 화선지위에 먹을 흠뻑 묻힌 대붓이 때론 어깨로부터 가해지는 강하고 진하게, 그리고 때론 연하고 부드럽게, 그리고 굵게 박동하고, 여백 공간을 향해 가늘고 가냘프게 춤을 춥니다. 절벽에 폭포가 만들어지고 눈 내리는 고목나무 가지에도 매화가 피어납니다.

  묵향은 난의 향기를 품고 바위틈에서 피어나며 해안 바위에 부서지는 파도는 밀려오는 바다의 염기까지 붙들어 놓았습니다. 굵고 힘찬 화폭과 묵향 가득한 전시장을 나오며 나에게 다짐합니다. "지나간 날에게 배워 미래를 의미 있게 살아 봐야지."

ⓒ 이동식

238 _ 햇살이 머무는 사랑의 뜨락에서

연말소감(年末所感)

　찬바람이 불어오는 창문 곁에 걸어 둔 두툼했던 달력의 시간들이 마지막 한 장을 남기고 떠나 버렸습니다. 덩그러이 걸린 시간은 세상의 어김없는 순리를 실감하게 합니다. 엄숙한 세월의 현실 앞에 얇아진 달력처럼 아쉬운 마음이 약해집니다. 모든 것들은 시간이 지나가면 더해지고 쌓여 가는 법입니다. 그러나 꺼내 쓰는 물건처럼 주어진 한 해를 거의 사용한 지금은 곧이어 카운트다운 종이 울린 것 같아 마음이 조급해집니다.
　새해 카렌다를 제작하기 위해 한 해 동안 활동했던 사진들을 모아 편집하면서 지나 간 날들의 흔적들 위에 꽤 많은 일들이 있었음을 알게 되었습니다. 가슴 뛰며 시작한 새해, 무더운 여름 땀 흘리며 달려왔던 시간들, 여러 가지 열매들을 맺은 풍성한 가을이 아름답게 남았습니다. 무엇보다 그 길을 같이 달려온 소중한 동역자들의 얼굴이 보입니다. 같이 했기에 힘들어도 여기까지 달려왔음을 고백하게 되었습니다.

울타리 곁에는 푸른 잎과 아름다운 꽃들, 그리고 탐스런 열매를 맺어준 나무가 앙상한 가지로 서 있습니다. 마치 자식들을 다 떠나보내고 빈집을 지키는 외로운 부모님 모습을 닮아 쓸쓸하게 보여 집니다. 찬바람이 불어오는 오후 낙엽 쌓인 빈 가지에 동료처럼 다가가 말을 걸어 봅니다. '서운해 하지 말고 또 내년을 준비합시다.' 그러자 말귀를 알아들었다는 듯 가지가 바람에 흔들립니다. 한 해를 마무리 하는 자리는 결산의 시간입니다. '얼마나 사랑했는가?' '얼마나 열심히 살았는가?' 늘 후회투성이지만 곰곰이 생각해보면 감사할 일도 참 많습니다. 그러나 더욱 이 날이 소중한 것은 다음 해로 넘어가는 디딤돌을 준비하기 때문입니다.

유명한 영국의 정치가이며 작가인 벤자민 디즈레일리(Benjamin Disraeli)는 "이 세상 사람들에 성공을 이루는 비결이 있는 데 그것은 그 사람들에게 기회가 찾아올 때 얼마만큼 준비가 되어 있느냐에 따라 결과가 정해진다"고 했습니다. 우리는 다시 겨울을 앞두고 월동 준비를 하던 선조들처럼, 내일을 꿈꾸며 청사진도 꺼내 준비합니다. 가을바람이 불어오면 나무를 베어 장작을 준비하고 땔감을 모으고, 풍성한 알곡을 수확하여 창고에 겨우내 먹을 식량도 저장합니다. 또한 여인들은 김장을 하여 찬을 준비하고 땅 속에 무를 묻고 고구마를 저장하면서 겨울날 음식을 채비합니다. 가을 햇살에 솜이불을 꺼내어 솜을 보송보송 타고 초가지붕을 새 옷으로 입혀 놓습니다. 벌써 따뜻한 온돌방에는 행복하게 피어오르는 웃음소리 가득한 겨울이 준비 되는 것입니다.

영국의 세계적인 테니스 경기인 윔블던 테니스코트는 그 경기 기간이 두 주간입니다. 오직 그날을 위해 일년 내내 운동장을 관리하고 잔디를 기르며 준비를 합니다. 누구나 여름이 가면 가을이 오고 가을이 가면 겨울이 오는 것을 의심하지 않습니다. 인생도 마찬가지입니다. 어머니로부터 태어난 아기였지만 유아가 되고 학생이 되며 어른이 되고 노인이 되어가는 것을 다 알지만 우리는 세월 앞에 설 때마다 "아니 벌써" 하고 당황해 하는 것입니다. 하나님은 "범사가 기한이 있고 천하만사가 다 때가 있다"(전3:1)고 말씀하십니다. 연말이 코앞에 다가온 오후, 다가오는 새해를 준비하면서 언제가 돌아갈 영원한 내세를 믿음으로 준비하며 하루가 저물어 가는 우리 집으로 돌아옵니다.(연말)

더 강렬해진 마지막 촛불처럼

가을비가 쌀쌀하게 겨울을 재촉합니다. 비가 내리는 창가에는 안간힘을 쓰며 힘겹게 매달렸던 마지막 낙엽들이 지고 있습니다. 가을은 떠나보내는 계절입니다. 행복과 생명을 공유하며 내 몸에 일원이던 잎새도 외투를 벗어 놓듯 떠나 보내야합니다. 가을이 떠나가는 산야에는 노란 옷을 발밑에 고이 벗어 접어놓은 은행나무도 쇳소리를 내며 구르는 참나무의 말린 낙엽도 정든 체온을 기억한 채 멀어지고 있습니다. 마음 속 깊게 묻어둔 짐과 삶에 지친 한숨들도 함께 떠나갑니다.

한 해의 남은 시간들 위에 마치 버킷 리스트를 작성하는 마음으로 이런 저런 일정을 적어봅니다. 머지않아 마지막 페이지 달력도 낙엽처럼 떨어져 나갈 것이라 생각하니 가슴 속으로 가을바람이 차갑게 파고 듭니다. 깨알처럼 적어둔 까맣게 새겨진 일정표를 엄숙한 의식을 치르듯 한참을 바라봅니다. 고립된 무인도의 마지막 전투식량같이 안타깝게 바닥을 더해 갑니다.

  이 날의 감격을 위해 달려 온 시간들이 오늘을 노래하지만 거부할 수 없는 허탈감이 잔잔히 흐르고 있습니다.

  날마다 가을을 대변하던 국화화분이 어느 새 퇴장했습니다. 이제 어느 화분으로 그 자리가 채워질 것인지 궁금해지기도 합니다. "호사유피 인생유명" 우리가 남기고 떠나야 할 마지막 일기장에 굵은 펜으로 적어 내려갈 소중한 사연을 추려내 챙겨봅니다. 흘러가는 남은 시간들 위로 하루해가 긴 그림자를 덮으며 지나갑니다. 더 값진 무언가를 남겨야한다는 간절한 마음이 일어납니다.

  존경하는 한 선배님은 외출할 때마다 속옷을 깨끗한 것으로 갈아입는다고 했습니다. 오늘 하루 무슨 일이 일어날 지, 내가 내손으로 이 옷을 다시 벗을 수 있을지? 어떤 분은 출타를 할 때면 깔끔하게 집안 청소부터 합니다. 내가 내발로 다시 들어올 수 있을지? 그러나 그런 마음은 그냥 염세적(厭世的)인 사고라기보다 인생의 주어진 시간을 의미 있게 살아보려는 자신을 향한 작은 채찍인 것 같습니다.

  최근 방송에는 새로운 바람이 불고 있습니다. 쟁쟁한 실력을 갖춘 현역 가수들이 냉정하고도 긴장된 경연을 통해 경쟁합니다. 시청자들을 긴장시키는 것은 그 유명한 가수들이 명성과 경력을 떠나 오늘 그 자리에서 생존 할 수도 탈락이 될 수도 있는 현실이

게임 같은 흥분을 안방까지 느끼게 한다는 점입니다.

　마지막이란 단어가 앞에 붙으면 왠지 마음이 무거워집니다. 예수님의 마지막 만찬, 마지막 인사, 마지막 재료, 마지막 경기, 마지막 강의, 마지막 황제, 이제 우리는 한 해의 마지막을 남겨놓고 있습니다. 그러나 마지막 저 너머로 떠오르는 희망이 있습니다. 마지막 잎새가 떠나간 가지에는 봄이 오면 새싹이 돋아날 것입니다. 이름 모를 새 한 마리가 그 슬픈 가지 위에 앉아 희망의 노래를 부릅니다. 어두운 방안에 홀로 켜있지만 그 자신의 태워 방을 밝히는 촛불의 마지막 열정처럼 더 강렬하고 가슴 속 깊은 감동의 등불이고 싶습니다.

"the 열심히 해서 多 행복합시다"

  멀리서 부터 터 오르는 동이 묵혀진 어둠을 걷어 내면서 보물같이 숨겨 두었던 경치를 드러내며 새해가 시작되었습니다. 밤을 지켜 주던 가로등도 사명을 다하고 아름다운 나무가 되어 길가에 우뚝 도열하여 새날을 맞이합니다. 밝아오는 새벽의 풍경은 언제나 힘이 넘치는 생명력으로 가득하고 신선하게 찾아옵니다. 사람들의 도란거리는 소리가 가까이 들려옵니다. 부지런히 일터로 향하는 일꾼들의 행렬에는 안개처럼 입김이 피어오르고 희망을 품은 아침이 밝아옵니다.

  언제나 새로움은 푸른 꿈을 꺼내어 펼치게 합니다. 다시 일어나게 하고 격려하며 도전케 하는 희망의 시간이기도 합니다. 시작이란 단어는 인박힌 자리를 털고 일어서게 하며 다시 운동화 끈을 질끈 동이게 하는 채찍 같기도 합니다. 얼마 전 산책 중에 한 도서관 앞 길거리에 세워진 현수막의 표어를 보면서 도전을 받았습니다. "the 청렴하면 多행복해요"라는 광주시 교육청 홍보 현수막이었습니다. 영어와 한자 그리고 한글을 혼용하여 의미를 더욱 깊고 넓게 만든 표어에 감동하면서 그 멋진 표현이 새해를 출발하는 제게도 말을 붙여 오는 것 같았습니다. 새해에는 "the 열심히 해라 그리고 모두 多 행복했으면 좋겠다."또 "the 사랑하자 그러면 모두 多 행복한 우리"가 된다. 라는 속삭임 같았습니다. 새해에는 지금보다 더 사랑하고 열심을 내고 도전해 봐야지, 그리고 지금 누리는 행복보다 더욱 많이, 그리고 나만 말고 모두 다 행복해지면 좋겠다는 생각을 하게 되었습니다. 여기서 "the"라는 영어는 문장의 시작을 알리는 정관사 입니다. 그런데 우리말로 "더"는 더욱 이란 의미를 떠오르게 하므로 지금보다 더욱 열심을 내고 사랑을 하였으면 하는 염원과, "다 행복"은 모두 다 행복 해진다는 의미이지만 한자로 "多"(많을 다)를 써서 더 많이 행복해지자는 의미도 생각나게 하는 참 좋은 표어를 읽었습니다.

사람들의 아이디어는 대단하고 참 좋다는 생각에 비슷한 표현 슬로건들을 인터넷에서 검색을 해보니 톡톡 튀는 각양의 아이디어들로 만든 멋진 슬로건들이 있었습니다. 예컨대 길거리에 걸어놓은 장애인 걷기 대회 현수막에는 "걷go 달리go 느끼go" 마치 불편한 모두가 함께 달리고 싶게 하는 문구였습니다. 어느 도시의 관광 홍보 슬로건은 "보go 느끼go" 그 도시를 향해 여행을 떠나가고 싶게 하는 것들이었습니다.

  출발선에 선 선수들처럼 깊게 마음을 가다듬어 심호흡을 하며 달려갈 길을 멀리 바라봅니다. 곧 이어 선언 될 카운트다운에 긴장하며 박차고 나갈 발끝에 힘을 모아 봅니다. 인생을 분주하게 살았던 외교관출신 찰스 프렌시스 아담스는 그의 주어진 시간에 대한 평가를 일기에 기록했습니다. "나는 오늘 아들하고 낚시를 했는데 시간을 낭비한 하루였다" 그날 아들의 일기장에는 "오늘은 내 생애 최고의 날이다 왜냐하면 아버지와 함께 낚시를 다녀왔기 때문이다"라고 적혀 있었습니다. 누구에게나 주어진 그 시간들 오늘이 바로 내게 최고의 중요한 날이 아닐까 생각됩니다. 누군지 모를 알려지지 않은 성현의 말에 老覺人生 萬事非 (노각인생 만사비) 憂患如山 一笑空(우환여산 일소공) 염려하며 긴장하고 걸어 온 인생 길, 지나놓고 보면 별것 아니 듯이, 소중한 내 인생에게 "the 열심히 해서 多 행복합시다"라며 채근하며 선물꾸러미를 풀어 봅니다. 그래서 영어로 현재라는 단어 "present"는 선물이란 뜻인가 봅니다.

ⓒ 이동식

다시 꿈을 꾸면서

하얀 눈으로 모자를 쓴 듯 무등산 능선을 따라, 새날의 햇살이 싸리나무가지의 언 몸을 흔들며 어둠에 갇힌 골짜기를 깨우며 내려옵니다. 아침은 그 자체가 희망입니다. 베트남의 영웅으로 일컬어지는 박항서감독에게 붙여진 리더십 이름이 "파파 스킨십"입니다. 박항서감독은 월드컵이 우리나라에서 개최되던 때 히딩크사단의 코치였습니다. 놀랍게도 온 나라는 남녀노소가 하나가 되어 열기 넘치는 엄청난 축제의 분위기였습니다. 외신에 의하면 베트남은 우리의 그때와 같은 분위기라는 것입니다. 그가 베트남의 축구 지도자가 된 후 베트남 축구가 승승장구하게 되자 온 나라가 축구로 인해 열광하게 되었습니다. 베트남에서는 "박항서"라는 이름이 곧 상표가 되었습니다. 마치 2002년 때 히딩크호텔

이 생기고 히딩크요리가 생기고 히딩크기념관이 생기며 히딩크 붐이 일어났듯이 그야말로 "박항서신드롬"이 일어나고 있는 것입니다.

  2002년, 한반도를 하나로 묶은 응원의 현장에는 그때마다 멋진 응원과 구호가 선보였습니다. 그중 최고의 구호가 '꿈은 이루어진다.'라는 말이었습니다. 그러므로 16강에 오르는 것 만해도 엄청난 일이였는데 무려 4강에 오르는 기적 같은 역사를 만들어 냈던 것입니다.

  지금도 우리는 '꿈은 이루어진다.'는 말을 자주 사용하고 있습니다. 꿈은 절망 속에서 소망의 꽃을 피워냅니다. 우리의 현실은 그렇게 낙관적이지 못하고 연약하고 어렵습니다. 그래서 우리가 도저히 어쩔 수 없는 현실 앞에서 좌절합니다. 그러나 "꿈은 이루어진다"는 확신의 구호는 분명 넘어진 자리에서 절망의 사람을 일어나게 하고, 힘을 내서 소망을 가지게 하였습니다. 또한 삶의 동기를 부여하는 힘이 있습니다. 꿈을 가지고 있다면 삶에 여유가 생기고 기분도 좋아집니다.

  이 땅의 사람들은 어떤 모양으로든지 꿈이 있습니다. 위대한 하나님의 사람 다윗은 시편 71편 14절에서 "나는 항상 소망을 품고 주를 더욱 찬송하리이다."라고 노래하였습니다. 우리가 나이가 들어 육신이 연약하고 삶의 현장이 힘들며 어려워도 항상 소망을 품으면 미래가 열립니다.

  유명한 카네기라는 사람은 세계적인 갑부가 된 사람입니다. 그런데 그의 사무실에는 이상한 그림 하나가 걸려 있었습니다. 이 그림은 대단히 멋진 그림도 유명한 화가의 작품도 아니었습니다. 물이 빠져 나간 모래사장에 배 한 척과 배를 젓는 노가 나뒹굴 듯 박혀있는 모습이었습니다. 그런데 이 절망적인 그림 밑에 글이 한줄 적혀 있었습니다. "반드시 밀물 때가 온다." 카네기는 이 그림을 구해 자신의 평생 좌우명으로 삼았습니다. 썰물 뒤에 반드시 밀물이 옵니다. 그 배는 곧 떠오를 것입니다. 그러므로 지금 배를 손질하고 배에 물건을 실어야 되는 것입니다. 세상만사 밤이 있으면 곧 새벽이 다가오고 내리막길이 있으면 곧 올라갈 길도 다가 올 것이기에 절망을 하지 말고 꿈을 가져야 합니다.

　세계적인 꿈의 동산 "디즈니랜드"에는 "여러분이 꿈을 꾼다면 그 꿈이 여러분에게 이루어 질 것입니다"라고 적혀 있습니다. 실상 환경은 중요하지만 그러나 환경을 초월하고 선용하는 소망을 품은 자가 최후의 승리자입니다. 바람개비를 가지고 바람이 불어 올 곳으로 찾아도 바람이 불지 않는다면 거기서 포기 하지 않아야 합니다. 열심히 내가 앞으로 달려가며 바람을 만들면 바람개비는 힘차게 돌아 갈 것이기 때문입니다.

알아야 이긴다

　오랜 만에 고향을 방문하여 다녔던 중학교 앞을 지나게 되었습니다. 그 때는 학생들로 분주하던 시골 중학교 정문 앞 조그마한 문방구는 낡고 초라한 건물이 되어 있었습니다. 학창시절 식목일 기념으로 심었던 교정의 나무들은 아름드리나무가 되어 나를 환영하고 반기듯 하늘로 치솟아 맞아주었습니다. 특별한 참고서가 없던 시절, 자습서 광고를 위한 홍보물 시간표를 교문 앞에서 나누어 주었습니다. 거기에는 땅을 박차고 솟구쳐 뛰어오르는 잘생긴 말에 빨간 망토를 쓰고 멋진 모자를 쓴 나폴레옹 모습의 그림이 있었습니다. 그리고 그 그림 밑에 "내 사전에 불가능은 없다" 유명한 말이 적혀 있었습니다.
　어린 시절 눈에 선한 그 그림의 주인공인 프랑스의 황제 나폴

레옹이 수많은 전투 중에 손무가 지은 병법서인 손자병법을 애독했으며, 풍전등하의 나라를 구한 민족의 영웅 이순신장군도 애독했던 책이 손자병법이었다고 합니다. 이책은 12편으로 구성되어 있습니다. 그중에 3편에 손실을 최소화하고 승리할 수 있는 지혜의 방법을 서술한 "모공(謀攻)편"에 손무는 지피지기 백전불태(知彼知己, 百戰不殆) '적을 알고 나를 알면 백 번 싸워도 위태롭지 않다'는 유명한 말을 했습니다. 흔히 우리는 '지피지기(知彼知己)면 백전백승(百戰百勝)'이라 알고 있습니다. 사실 역사상 백전백승한 장수는 한 명도 없었습니다. 그래서 손무는 '이긴다'라는 승(勝)자 대신 '위태롭다'는 태(殆)를 선택했습니다. 상식적으로 적군의 허(虛)와 실(實)을 알고 나의 강함과 약함을 모두 알고 있는 상황이라면 전쟁에 매우 유리합니다. 적어도 적에 대해서는 잘 모르지만 최소한 나에 대해서 만큼이라도 잘 알고 있다면 아주 유리한 전쟁이 될 것입니다. 육군 제2훈련소 휴식구호는 "알아야 이긴다. 10분간 휴식"입니다.

우리의 인생도 자신을 알고 나를 향한 세상을 안다면 우리의 삶이 똑같은 조건 같지만 그중에 최고의 좋은 결과를 만들어 낼 수 있을 것입니다. 그리이스의 철학자 소크라테스는 델포이 아폴로 신전에 새겨져 있다는 "너 자신을 알라"는 유명한 말을 남겼습니다. 사실 우리는 다른 사람 이야기를 많이 하지만 내 자신에 대해 잘 모를 때가 많습니다. "내가 누구냐!"이것을 제대로 모르면 '나'라는 존재의 가치를 잘못 판단하게 됩니다. 그래서 내가 누군지를 모르기에 때로 교만하여 넘어지기도 하고, 때로 열등감에 사로잡혀 절망하기도 합니다.

내가 누구인지를 알아보려면 여러 가지 방법이 있을 것입니다. 먼저는 주변 사람들을 통해서나 내 이력이나 경력을 통해 평가를 받을 수 있을 것입니다. 그러나 이런 방법은 완전하지 않습니다. 관점에 따라 다르고 누가 평가하느냐에 따라 편견이 있기 때문입니다. 그러나 우리에게는 가장 확실한 방법이 하나 있습니다. 그것은 하나님이 주신 영적인 거울인 성경을 통해 우리가 누구인지를 보는 것입니다.

시편에서는 하나님은 목자시고 우리는 그분의 양이라고 표현합니다. 또 요한복음에서는 예수님은 포도나무라 하시고 우리를 그의 가지라 표현하셨습니다. 또 우리는 질그릇이고 그 그릇 안에 보배가 담겨 있다고 하십니다. 알아야 이깁니다. 우리는 연약하고 볼품없는 피조물인 질그릇이므로 한 시라도 보살핌이 없이는 깨어지고 부숴 집니다. 우리의 실체는 흙으로 만들어진 질그릇입니다. 조금만 잘못되어도 낙심하고 금방 피곤하고, 병들고, 늙고, 죽는, 깨지기 쉬운 질그릇입니다. 그러나 하나님께서 그 안에 보배를 담아 가장 보배롭고 소중한 존재가 되게 하셨습니다. 우리는 자존감을 가지고 오늘도 겸손히 믿음으로 승리하여야 합니다.

고향집 마루에 앉아

　황솔밭 아래 붉은 언덕을 등지고 털방울 모자 깊게 쓰고 삼삼오오 모여 연날리는 날, 붉어진 얼굴에 부딪치며 연을 올려주던 그 고마웠던 고향의 찬바람을 맞으며 초등학교 교정을 걸어봅니다. 조그맣게 줄어든 운동장, 키가 줄어 낮아진 느티나무 아래에 멈춰 섭니다. 개구쟁이 시절 흙 놀이하며 자치기하던 바닥은 타일이 깔리고 최신시설 운동 기구들이 그 자리 주인이 되어 있습니다. 분명 나의 마음은 그 코흘리개 시절의 내가 분명한데 느껴지는 체감은 바람만 같고 건물도 시설도 어색하고 아스라이 높았던 나무도 건물도 아담해졌습니다. 열매를 따서 전쟁놀이하던 전나무는 숲이 되어 휘어져 늘어지고, 앨범사진 찍던 구령대 앞에는 인조잔디가 융단처럼 깔려 있습니다. 시설도 달라지고 바뀌었지만 그러나 여전히 친근함과 평안함을 선물하며 맞아주는 고향이 고맙습니다.

　우리가 바꿀 수 없는 것이 있는데 국적도 바꿀 수 있고 직업도 몇 차례 바뀌어 지지만 고향과 학적은 절대 바꿀 수가 없다는 말이 있습니다. 누가 뭐라 해도 고향의 모교는 어린 시절 나의 꿈이 자라던 교정이며 뒷동산입니다. 한참을 걸어야 도착했던 어린 시절 등굣길을 자동차로 달려보니 채 몇 분이 안 걸려 고향집에 도착 했습니다. 어머니가 돌아가신 뒤 열쇠가 대신 지키는 고향집 문을 열어봅니다. 금방 웃으시며 반겨주실 것만 같은데 텅 빈 방에는 손 때 묻은 추억들만 그 자리를 지키고 있습니다. 지금도 어머니가 지어주시던 밥솥에는 맛난 밥 냄새가 뭉게 뭉게 김이 되어 나오는 듯 합니다. 가슴에 적셔지는 눈물을 감추며 어머니 냄새나는 방문을 열어 봅니다.

　쌀쌀한 겨울바람이 대숲에 바람소리를 울리며 하루가 어느 덧 고향집 뒤로 숨어 버렸습니다. 멈춰버린 괘종시계는 어린 시절의 감동에 멈춰버린 내 마음인 양 언제부터인가 변함없는 시간에 고정되어 멈춰 있습니다. 먼지가 내려앉은 장롱을 열어보니 자식들이 그리울 때마다 아마도 펼쳐 보셨을 어머니의 앨범이 놓여 있습니다. 거기엔 꽃다발을 목에 건 졸업식 날 사진과 금방 그 시절이 떠오르게 만드는 추억의 사진들이 어머님 방을 지키고 있었습니다. 사진 속 코흘리개 어린아이는 어느 덧 들에 내린 눈을 둘러 쓴 듯 백발이 되어 그 자리에 앉았습니다.

새해가 시작된 지 벌써 한 달이 지나갔지만 민족의 고유 명절 설날을 맞으면서 또 다시 시작이란 단어와 새해를 이야기합니다. 호롱불을 켜서 걸어놓고 안반 위에 둘러앉아 온 가족이 모여 앉아 가래떡 썰던 추억도, 까만 가마솥에 김이 솟아 내뿜을 때까지 장작불을 지펴서, 쑥떡을 익혀 떡메로 찰지게 쳐서 콩가루 분을 바르고, 솥뚜껑으로 피자 썰듯 잘라서 석작에 차근차근 사려 담아 보관하던 일, 조청을 달여 백자도자기에 담아 놓고 기다리던 그리운 시절로 돌아갑니다. 나프탈린 소독약 냄새가 배인 설빔을 장롱 속에 모셔두고 아침을 기다리며 잠 못 이루던 그 밤의 셀렘이 생생하고 여전합니다. 부모님도 형제들도 떠나버린 고향집 마루에 앉아 다시 소환한 어린 시절은 여전히 고향집 방바닥에 그려진 익숙한 문양처럼 친근하고 편안하고 행복한 꿈을 꾸게 합니다. 어느 새 한 살 더 늘어난 나이 보따리를 들고 일어서는데 소중한 분들에 대한 그리움이 사무쳐서 나그네 인생길 위에 가슴이 먹먹해집니다.

김장은 행복을 저장하는 날

　아름다운 단풍으로 가득했던 산야가 어느덧 낙엽이 지고 앙상한 가지 사이로 불어오는 바람은 매서운 쌀쌀함을 품고 있습니다. 자연 만물의 순환은 인생사의 큰 스승입니다. 사계절의 변화와 그 가운데 일어나는 순리는 바로 인생사를 닮았기 때문입니다. 그래서 자연의 흐름 속에 인생을 배우게 됩니다. 어떤 분이 이런 주장을 합니다. 성숙한 사람에게는 철이 들었다고 하는데 그 철이란 계절이 무르익었다는 것이라고 합니다.
　지혜로운 사람은 그 인생의 다가올 미래를 준비하는 사람일 것입니다. 겨울이 다가오면 우리는 월동준비를 합니다. 머지않아 다가올 겨울이 있음을 알기 때문입니다. 과거에는 준비해야 할 것이 참 많았습니다. 겨우내 먹을 양식을 곳간에 쌓아두고 고구마는 방한 켠에, 그리고 겨우내 땔 장작과 땔감을 헛청에 쌓아 두었습니다. 문풍지를 바르고 내복을 꺼내고 솜이불을 손질 하였습니다. 그러나 요즘은 환경과 형편이 나아져서 준비할 것이 많이 줄어들었습니다. 하지만 아직도 겨울이 다가오면 김장을 통해 겨울을 준비 합니다. 김장을 마친 주부들은 숙제를 마친 것 같아 마치 지금이라도 눈이 내려도 걱정 없다는 마음으로 여유를 누립니다. 눈발이 날리면 김장을 하지 못한 주부들은 마음이 불편합니다.

우리는 식사 때마다 늘 다른 음식을 준비하지만 김장김치는 식탁의 기본을 이루는 베이스 같습니다. 배추를 자르면서 한 분이 말합니다. "배추는 다섯 번 죽어서 김치가 된다."는 것입니다. 그렇습니다. 그 맛난 김치가 되려면 밭에 자라던 자리에서 뽑히면서 죽고, 온 몸이 갈라져 죽으면서, 간을 하며 또 숨이 죽습니다. 각종 양념과 고추의 매운 공격에 다시 죽고 땅을 파고 묻어 저장함으로 죽는다는 것입니다" 이런 희생이 있었기 맛난 음식이 되듯이 누군가의 희생에 살기 좋은 인생을 만들어주는 것 같습니다.

우리 음식문화도 많이 바꿨습니다. 이제는 서구나 외국의 음식문화가 어느 새 우리 식탁을 점령했습니다. 그런데 많은 서구 음식이 건강의 균형을 깨는 식단이라고 알려지면서 이제는 우리 한식이나 김치가 최고의 다이어트와 건강식품으로 외국에서도 인기가 많다고 합니다. 최근에는 소울 푸드라 해서 그 음식이 주는 정서적인 효과도 연구되고 있습니다. 향수를 불러일으키고 추억을 생각나게 하는 음식이 사람의 정서를 치료한다는 것입니다. 지치고 외롭고 고향이 그리울 때면 어린 시절 독특한 냄새가 풍기는 따끈한 된장국, 사각사각한 배추김치 한 조각이 보약이 된다고 합니다.

우리지역에는 외국인들이 국제결혼을 하고 또는 노동자로 와서 함께 살기에 외국인들이 많이 들어와 있습니다. 언제 부턴가 지역에 마트에는 동남아와 중국 그리고 러시아의 음식재료들이 등장하더니 요즘은 동남아 식자재만 취급하는 마트들이 지역마다 세워지고 있습니다. 사람에게 음식은 그만큼 큰 비중을 차지합니다. 김장은 미래를 준비하는 지혜입니다. 김장은 나눔의 행복이요 넉넉함을 누리는 여유로움을 만드는 선물입니다. 김장이 마무리 되어 가면 김장에 참여한 자들은 맛있게 삶은 돼지고기에 새 김치를 얹은 식탁의 특권을 누리게 됩니다. 김장은 행복한 사람들에게 주신 선물입니다.

또 나이테 한 줄을 그리며

　바위 틈 붉게 익어가던 가을의 언덕에 겨울이 주인이 되어 머물러 서 있습니다. 언젠가처럼 여전히 산의 허리를 감싸고 불어온 투명색 바람은 차가운 냉기를 품고 저민 가슴을 파고듭니다. 간절하게 급해진 햇살은 산 길 따라 그림자를 드리우고 나그네의 돌아서는 발걸음은 둥지를 찾는 비둘기처럼 집으로 달려갑니다.
　까만 하늘 저편 첩첩히 에워싼 수많은 별빛은 길어진 밤의 보랏빛 보석이 되고 방황하던 나의 별의 친구처럼 주변을 호위합니다. 겨울바람에 식어 얼어버린 초라한 가지 끝으로 앙상한 달빛이 들켜 줄기처럼 비추입니다. 달빛 스크린에 연무 되어 내리는 푸른 입김은 커튼을 드리운 듯 슬픈 나그네의 주마등이 되어 온 몸으로 안아 감싸 주었습니다.

택시를 타면 매번 느끼는 것이 시간과 거리의 병합된 계산으로 산출된 금액이 신비롭다는 것입니다. 시간도 흘러가고 거리도 달려가면 분명 그만큼 가격이 올라가는 것처럼, 여기까지 달려온 연륜과 가치가 고스란히 엉글어 있는 것 같습니다.

만나면 자녀들 얘기로 시간을 채우던 지인들이 어느 새부터 손자재롱 이야기로 화제가 바뀐 지도 오래 되었습니다. 할아버지란 칭호가 낯설지 않게 받아들여지는 자리에 우리는 또 하나의 낡은 나이테를 만들고 새로운 나이테를 위해 길을 출발 합니다. 이제는 미래지향적인 비상이나 도전보다 왠지 안정된 착지에 관심이 기울여 져가는 것은 나이. 그래서 이것저것 내려놓고 편안해진다고 생각해보니 여유가 생겨납니다. 그러다가 정신이 바짝 나는 것이 나이가 듦이 중요함이 아니라 그 나이에 걸 맞는 품격과 삶의 모습을 보여야하는데 그러기 위해선 이전보다 더욱 노력해야 하겠다는 생각이 듭니다.

앙상한 가지가 찬바람에 우는 소리를 내면 흔들립니다. 신록의 아름답고 당당하던 그때 보다 가지 끝에 매달린 겨울이 왠지 외롭고 슬프게 다가서며 인생의 나이를 올려 줍니다. 우리의 말에 "철이 들었다"는 말은 그 계절에 맞는 날씨와 환경의 열매를 맺는 그야말로 그 철이 들었다는 것입니다.

제임스 워드가 발행한 책 『문구의 모험』에서 현세의 저명한 학자들에게 이 시대에 영향을 미치고 소중한 인간의 창조물 중에 가장 성숙한 인격을 가지며 중요한 역할을 해준 발명품은 무엇인

가라는 질문을 하였습니다. 수많은 발표와 주장 중 거기서 제일 공감을 형성한 문명의 도구는 스마트폰도 아니고 컴퓨터도 아니고 자동차도 아니고 아주 작은 학용품인 "지우개"였습니다. 지우개는 우리의 실수를 지워주는 중요한 도구입니다. 잘못 쓴 글 또는 실수한 부분이 나오면 이를 바르게 해줄 기회를 주는 것이 바로 지우개입니다. 과거의 실수를 바로잡을 기회를 주는 지우개가 없었다면 이만큼 과학도 문화도 윤리도 인생도 세워 질 수 없었을 것이라고 평가하였습니다. 한 시대 석학 김동길 교수가 쓴 책 『나이가 들면』이란 책에는 나이가 드는 것처럼 무엇이 되는 것이 중요한 것이 아니라 그 나이에 따른 합당한 모습의 사람이 되어야 된다는 것입니다. 그가 깨달은 나이가 들면 아는 게 많아짐보다 더 많은 것을 배워야 살아 갈수 있겠더라는 것입니다. "나이가 들어가면 저절로 어른이 되는 줄 알았는데 어른답게 보이기 위해 오히려 긴장하고 조심해서 잔잔한 호수 같은 성품으로 채워야겠다"고 한 것처럼 인생의 멋진 나이테 한 줄을 만들어 나가야겠습니다.

아시타비(我是他非)가 아닌 배려의 시대로

대나무 숲 사이로 겨울바람이 지나가며 얼어가는 숲을 흔들어 깨우는 아침입니다. 가지사이로 밝아오는 아침 햇살로 숲은 흑백사진에서 컬러사진으로 바뀌는 순간처럼 숨겨진 색감을 밝혀 줍니다.

새해 아침은 해돋이 명소에만 찾아오는 것이 아니라 이미 우리 마당 안으로 우리 생활 속으로 자리를 잡았습니다. 덕담을 나누며 희망을 말하며 도전 하는 새해 벽두, 언제나처럼 이렇게 "희망찬 새해가 열렸습니다."라고 인사 하려 하나 어느 해 보다 두려움과 답답한 현실 속에 맞이하는 새해아침은 설렘과 기대보다 두려움과 불안함으로 시작 합니다.

새해의 소중한 희망을 담은 마음에 건강과 회복, 힘찬 삶의 현장을 꿈꾸면서 여전히 소망을 빌어 봅니다.

대학신문이 연례행사로 해마다 한 해 동안의 우리 사회와 나라의 사정을 사자성어로 어떤 단어를 말할 수 있을까하는 이벤트가 진행 됩니다. 대학 교수들에게 설문조사를 해서 투표를 한 결과 지난해의 사자성어로는 생소한 '아시타비(我是他非)'가 결정 되었습니다. 아시타비의 한자는 我:나 아 是:옳을 시 他:다를 타 非:아닐 비자로 내가 하는 일은 맞고 남이 하는 일은 맞지 않다는 뜻 입니다. 이는 배려와 존중을 잃어버리고 서로의 목소리만 높이고 자기들만 옳다고 내세우며 자기들이 잘했다고 외치며 싸우는 우리 사회를 풍자 한 것입니다. 어렵고 혼란한 사회 속에 배려가 사라지고 무서운 정쟁과 권력의 충돌 앞에 온 국민들은 불안해하고 실망합니다. 새해를 열면서 고개를 들어 지치고 힘들어하는 주변을 살펴보면서 서로 울타리가 되고 힘이 되는 사회를 꿈꾸어 봅니다.

우리 집 뒤에는 야산이 있습니다. 언제부터인가 까마귀 떼가 500여 마리가 집단으로 둥지를 틀고 살고 있습니다. 시끄러운 소리와 온 집 지붕과 마당, 차 위에 쏟아 놓은 하얀 배설물은 그야말로 골칫거리 입니다. 눈이 온 뒤 쌀쌀해진 오후, 조용한 집안이 다시 시끄러워졌습니다. 온종일 마실 나갔던 까치 떼가 몰려들어오는 시간입니다. 독한 마음을 먹고 소리를 지르며 새들을 쫓아 봅니다. 놀라서 떠난 까치들이 이내 다시 돌아서 들어옵니다. 그들에게 돌아갈 곳이, 그리고 그들의 둥지가 여기였기에 다시 이

곳으로 올 수 밖에 없는 듯 하였습니다. 이제는 미운 마음, 귀찮은 마음보다 불쌍한 마음에 그냥 두었습니다. 그리고 둥지를 찾은 새처럼 내 인생의 둥지를 생각해 봅니다. "섣달의 둥지///서둘며 달리던 분주한 영혼/지치고 찢긴 상처난 마음 보듬고/행여 짧아진 석양빛 길 잃지 말라/보름달 등불켜서 마중 나왔네//에이는 바람은 댓잎을 흔들고//군불지핀 둥지엔 온기가 퍼진다/먼저 돌아 온 동지들의 무용담 수다에/숲 속의 하루는 곱게 저물어 가네//엄마 품 안긴 털 복숭이 아기새들/반가워 보채던 새빨개진 얼굴엔/별나라 꿈 이야기 전설처럼 흐르고/어미새 자장가에 벌써 잠이 들어 버렸네" 새해에는 아시타비(我是他非)가 아닌 입장을 바꿔놓고 세워주고 이해해주고 존중하며 배려하고 챙겨주는 희망을 꿈꾸어 봅니다.

이동식 에세이집
햇살이 머무는 사랑의 뜨락에서

2021년 6월 20일 인쇄
2021년 6월 30일 발행

지은이 | 이 동 식
펴낸이 | 강 경 호
인　쇄 | (주)시와사람
등　록 | 1994년 6월 10일 제 05-01-0155호
주　소 | 광주시 동구 금동 8-1번지
전　화 | (062)224-5319
팩　스 | (062)225-5319
E-mail | jcapoet@hanmail.net

ISBN 978-89-5665-602-1　03810

값 12,000원

＊지은이와의 협의로 인지를 붙이지 않습니다.
＊이 책은 전라남도문예진흥기금에서 제작비 일부를 지원받았습니다.
＊잘못된 책은 바꾸어 드립니다.

공급처 ■ 한국출판협동조합
경기도 파주시 탄현면 오금리 202번지
주문전화 (02)716-5616, 070-7119-1740